教室からの声を聞け

◆対談＋論考◆

多賀一郎
石川晋 著

黎明書房

石川　多少でも子どもの側に立とうとする先生が，公立中学校の中で仕事をしていくことは，本当に難しい。子どもの声を聴ける先生は，その子たちと同様に，生きにくい状況になっている。中学校という場で子どもの声を拾っていくのは，どういう風にやったらいいんだろう。（中略）多賀先生の教室では，それを丁寧に拾えるような，書く活動や話す活動が，仕組みとして教室の中にあるのだと思う。（p. 48）

多賀　震災のときにすごく印象に残っているのが，失語症になった子が何人かいるの。（中略）親が話しかけても，いっさいしゃべらなかった子とか。ショックを表に出せなくなった状態の子たちが何人かいてね。書いてみたらどうですか？　と，何でもいいからちょこちょこ書いてるうちに，しばらく書いてると話ができるようになっていったということがあるんですね。（p. 27）

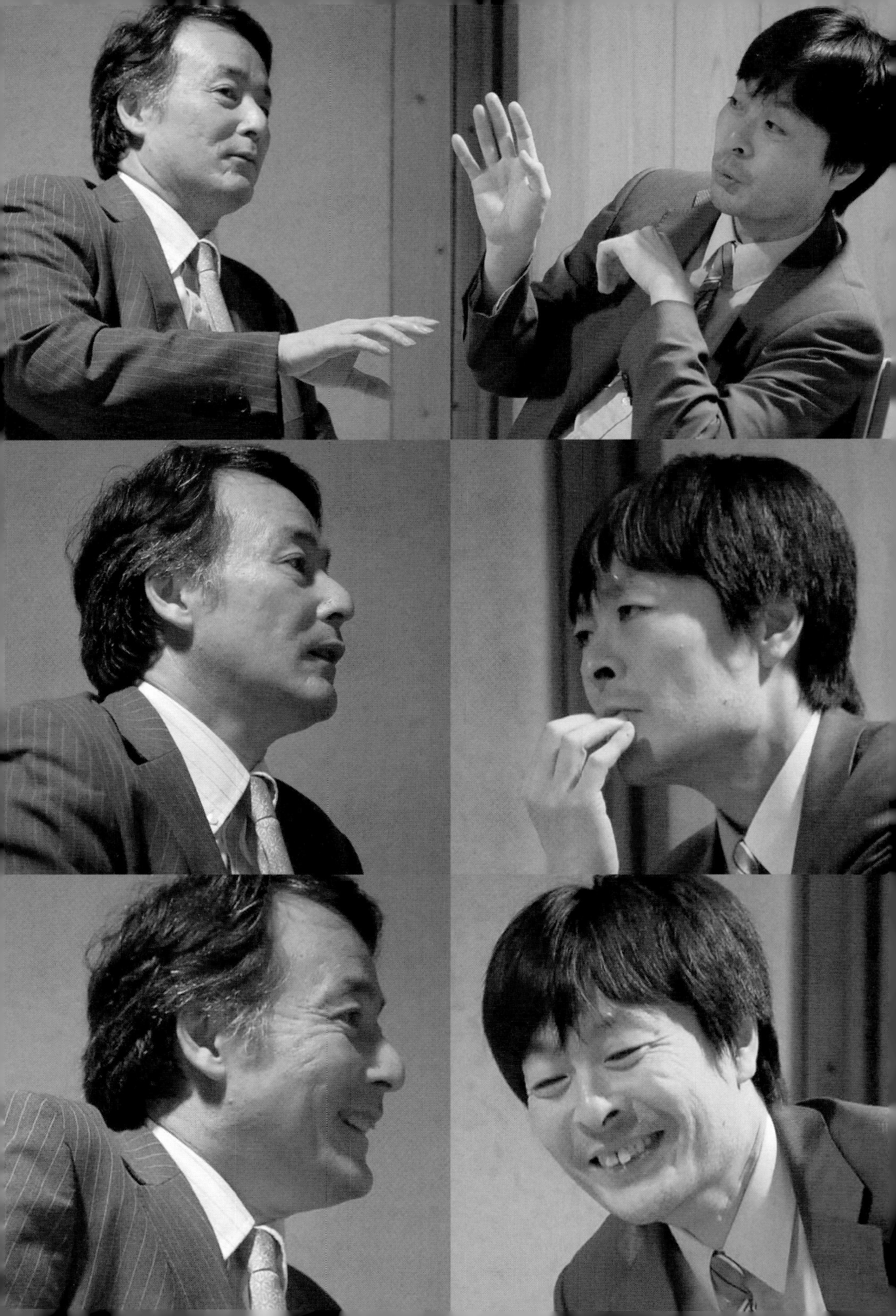

プロローグ

石川晋さんという名前を知ったのは、わずか数年前です。全国的な組織に全く関心のなかった僕には、授業づくりネットワークなどで有名な北海道の中学教師との接点は、なかったからです。

それが、参加したセミナーで堀裕嗣さんと共に初めて出会い、晋さんのブログ「すぽんじのこころ」を見たら、僕の「多賀マークの教室日記」がリンクされてあって驚き、ネットを通じて交流し……と、少しずつお互いの考えていることが分かってきました。

晋さんは、はっきりと自分の思いを発信する教師でした。それも、未熟だから言葉の使い方が分からないで誤解される若手とは違っていました。ときには、過激ともとれる発言には、明らかに確信が見られました。

「この先生はおもしろいなあ。こんな人もいるんだ。」

失礼ながら、僕と少し似たにおいがしたわけです。

その晋さんから突然、

「神戸へ行くので対談しませんか。」

との誘い。それはおもしろそうだと、二つ返事でＯＫしました。

しかし、対談を一冊の本にしましょうという話になったとき、僕らは改めてコンセプトを練りました。ただ二人で思いつくままに話して、それを本にして世に出すということには、意義を見出せなかったからです。

そこで、二人が伝えたいことにテーマを絞り、五つの項目に分けて、それぞれ五ページずつ考えをまとめて書き、それを踏まえて対談していこうということになりました。

テーマは「教室の声を聞け」。教室での子どもの思いや教師の本音を出していこうということです。

第一章は、いじめや体罰などの諸問題に対する認識と、ルサンチマンの話。

第二章は、新卒からの二人の心にひっかかっている話。

第三章は、子どもの声を、本音を、どう聞き取っていくのか、という話。

第四章は、音楽・劇など、文化と学級とのつながりの話。

第五章は、二人が長年実践してきた、本の「読み聞かせ」という世界の話。

そして、第六章は、対談後それぞれの感じたことと、未来の教室への思いの話。

テーマには書いていませんが、僕と晋さんは「物語」ということを大事に考えているのだということを、確信しました。この「物語」ということを頭に置いてこの本を読んで頂くと、二人の語っていることがよく見えてくると思います。

晋さんを意識すると、僕の中でふだんは抑え気味にしている過激な部分が、げろげろと出てしまいます。

プロローグ

「晋さんがここまで言うなら、僕も話しちゃおうかな。」

と、いう感じになってしまうのです。

顰蹙を買うような発言も飛び交いましたが、さすがに、本書ではカットしました。それでもきっと、「ここまで言うかなあ」と、疑問に思われる方もいらっしゃるでしょう。

どうぞ、二人に（僕は気が弱いから、厳しい言葉は晋さんに）直接、ご意見をお寄せください。大いに望むところであります。

対談の後半は、福寿の酒蔵という特殊な場所のせいか、フロアーの池田修さんや俵原さん、糸井さんたちのからんだ形になって、さらに本音が出てきたように思います。ご協力、ありがとうございました。

本音で、もっと語ろうよ。

子どもの本音を聴いてるの？

この本の主旨は、結局そこに落ち着いたような気がします。

二〇一三年九月　久しぶりの秋晴れを見ながら

多賀一郎

目次

目　次

第一章　教室の声はどこに向かっているか
―いじめ・体罰への怨嗟の声が聞こえる―

◆声を拾い上げることは難しい◆◆

多賀一郎

1　教師の声は響かない

二〇一二年度、大津いじめ自殺事件に端を発した「いじめ」という暴力の問題、大阪桜宮高校の体罰問題と、教育界に大きな嵐が吹き荒れました。教育評論家、コメンテーター、政治家たちのさまざまな意見がマスコミを通じて語られています。

しかし、それに比べて、学校現場からの声が、あまりにも少ないのです。特に、今現役の教師たちの声は、ほとんど出てきません。

それには、理由があります。

まず、学校というものは、公に対して個人が意見を発信することを嫌う場所であるということです。これは、組織としては、ある意味、当然のことでもあります。学校の先生たちがばらばらに意見を発信したら、学校が一つの考えでまとまっているとは、考えてもらえません。

それを乗り越えてまで教師個人が発信したとしても、自分の受け持つ子どもたちにとってのメリットは少ないと考えるので、教師はあえて発信はしないのです。ほとんどの教師が、そういう考えで沈黙しているのではないでしょうか。

次に、まじめな教師は、どこか自信がないものだということです。

子どものことを知れば知るほど、

「自分のクラスには、決していじめなどなかった」

と言い切ることは、できません。いじめは、心の中で本当はどう思っているのかということが大事なのですが、完全に子どもの心の中を分かり切ることはできません。ですから、真剣に考えている教師は、常にいじめに対して、絶対的な自信など、生まれようがないのです。

また、体罰に関して言えば、何十年と教師をしていて、一度でも子どもに手を上げたことのある教師は、いつも後ろめたさがあって、「体罰はいけない」と、堂々と口にすることができないのです。

こうして、教師たちの声が世の中にあまり出てこないということになるのです。教師仲間の間だけの意見交換に終わっています。

僕は、それではいけないと思っています。公に発信することは、自分もきずつくリスクを負うことですが、教室の中だけ、仲間内だけで、教師はとどまっていてはいけないと思います。

なぜなら、教師たちの多くは、子どもたちに堂々と自分の意見を述べよと指導しているからです。

2　子どもの声が聞こえているか

あえて最初は教師の声というものについて書きましたが、教室の声と言えば、まず、子どもたちの声のことでしょう。

子どもの声は、聞き取りにくいものです。子どもの言葉だけを聞いていたら、なかなか子どもの本音は聞き取れません。会話をしても、つたない表現力、理解力不足、などの問題でなかなか十分には話せません。

また、話す相手に信頼がないと、当然、本音は語れるはずがありません。

子どもたちの声は、教師、学校、保護者、社会にもともと届きにくいものなのです。

3　アンケートで子どもの声が聞けるのか

全国一斉のいじめアンケート、各教育委員会主導の体罰アンケート調査、立て続けにさまざまなアンケートが行われてきました。アンケートは必要ないとまでは、思いませんが、アンケートをとったら子どもの声は全部拾えたのだ、などと思ってはいけないのです。

いじめのアンケートを書くときの状況を考えましょう。いじめについて書くことがないときは、そこに書いた文章を書写させると良いという考え方があります。そういう配慮という観点は絶対に必要なのですが、高学年～中学、高校の子どもたちはもっとしたたかです。

いじめをしている子どもにとって最大の関心事は、いじめがばれないかということです。加害者は、被害者の動向をいつもよく見て、監視しています。

もちろん、前もって被害者に
「つまらないことは、書かないでね。」

と、くぎを刺すこともあるでしょう。そういう状況で自分がいじめられていることを書くのは、かなりの勇気がいることなのです。

そして、さらにもう一つ。「親に心配をかけたくない」という子どもの気持ちは、とても強いものです。そのために本当のことが書けない子どももいるでしょう。だからこそ、子どもたちが追い詰められることがあるのだということも、知っておくべきでしょう。

4　子どもの声を聞くために考えること

では、どうすれば良いのでしょうか。子どもたちの本当の声が聞けるためには、何が必要なのでしょうか。

まずは、教師が子ども全員と一人一人の関係をしっかりと築くことです。信頼がない限り、子どもたちは決して本当の声をあげようとは、思いません。次に、個人ではなく、学校全体が子どもの声に対してどういう反応をするかをきっちりと示すことです。学校として、いじめなどの問題には毅然とした態度で取り組んでいく姿勢を示すことも、子どもが安心して話せる要素となります。

いくら信頼していても、直接教師には言えないものだということは、いつも考えておかなければなりません。それほどいじめの恐怖というものは、強いものだと知っておくべきでしょう。そして、いじめにあっていること自体が子ども自身の尊厳を傷めつけます。いじめにあっているという事実が、哀しく恥ずかしいものになってしまうのです。だからこそ、他人に言えなくなってしまうことが多いのです。

5　保護者とチームになる

「保護者との連携」という言葉は、よく使われていますが、有形無実になっているものがほとんどです。本当の保護者連携を模索していかねばなりません。体罰のことを学校が隠蔽しようとするなど、もってのほかです。そんな学校を信頼する保護者がいるはずはありません。

保護者との連携のためには、ディスクローズとアカウンタビリティということが求められます。隠し事をして説明もきちんとしない学校に、教育を標榜する資格はありません。

では、保護者との連携として、具体的にはどうしていけば良いのでしょうか。

保護者には、家庭で自分の子どもをよく見て頂くことです。そして、ちょっとしたことでも教師に連絡してもらって、学校と家庭との連絡を密にすることです。近年、保護者と教師との距離を取りすぎて、クレーム以外では、保護者と教師とのやりとりがほとんどないというようなところがあります。

それでは、子どもの声を聞き取ることはできません。

教師も保護者も、足りないところだらけです。その両者がお互いの足りないところを補い合って、チームとして子どもを見守ることができたら、自ずから、子どもの声が聞こえてくるのではないでしょうか。

◆それでも公立中学校に立ち続ける理由◆

石川　晋

1　床に大の字になった卒業生

遥か昔のことなので書いても叱られないだろう。

ある年の卒業式の朝、卒業生の一人が当時流行りの「ボンタンズボン」を履いて登校してきた。精一杯に着飾って来たのであろう。三学年のベテランの副担任が、自分よりも首一つ以上でかいその生徒の襟首を掴み、職員室に引きずり入れると、彼をぼこぼこにした。彼は職員室の床に大の字になってしまったが、その副担任の先生は最後のとどめの一発をみぞおちに振り下ろす構えで……というところで、別な体育の先生が、「まあまあ、先生そのくらいで」と体を生徒との間に入れて、大惨事一歩手前でこの件は終了した。あ、もちろん、副担任の先生も体育の先生である。

ぼくはその時職員室にいた。それで一部始終をよく覚えているのだが、内心はただただ震えあがっていた。おそろしかった。副担任からすればこれまでの指導の経過もあるわけで、卒業式だというのに学年団の思いを察せられなかったその生徒へ怒りが爆発したのだろう。だが、そのようにして迎えた卒業式は、彼にとってどのようなものとして残ったのだろうか、しばらくしてから、ぼくが考えたことはそういうことだった。ぼくはその学年団ではなく、その生徒とも個人的な関わりもなかった。したがって彼の声を聞く機会もなかったのだが、三年間の最後の日、学校のルールではなく、自分なりのルールを優先して着飾って登校して来た彼の本音の声は、どこにも拾われることなく、虚空をさまよっているように思えた。整然とした素晴らしい卒業式でしたと、管理職が褒めていたように思うが、ぼくにはなんとも空しい思いであった。

そのようにして、有無を言わせぬ形で、学校という場所が営々と保持してきた秩序（制度）に回収されていく子どもたちの中には、それで心地よいという者もいるわけだが、決定的に傷ついてしまう者もいる。それはいわばブーメランのようにして、今度はまた私たち教師のもとに帰ってくることもある。

2　飲み屋で絡む元中学生

これは割と最近のことだ。

教職員の飲み会の二次会で、いわゆるカラオケの歌える飲み屋に行った折のこと。ぼくらが入店した時から、こちらをじろじろといやな感じで見る客がいる。そのうちに聞えよがしに文句を言い始めた。カラオケを歌っている別の客の歌への拍手がなかった、それでも教師かというような、まあ、因縁をつけてやろうという気配だ。若手の教師が察して、すうっとその客のもとへ行き、なだめたりすかしたりする。すぐに戻ってくるかと思ったが、その客は時にすごむような大きな声も織り交ぜながら、くどくどとその若手に文句を言い、返す気配もない。イライラしてきた。しばらくして、ぼくもその客の横に移動して座り、歌を歌う。もちろん拍手はない、ばかりではなく、こちらを鬼の形相でにらむ。構わずもう一曲歌う。二曲歌い終わったところで、マイクを置いて「警察呼ぶぞ」と一言。これで飲み屋は一触即発状態になった。

飲み屋の親父にも、わざわざなんとか場を穏便に取り仕切ろうと腐心してくれた若手にも、申し訳なかったが、そういう理不尽な仕打ちに、なんと言うか我慢ならなかったのである。五十を前にして、相変わらずの短気なのだ。

もっとも、ぼくはちゃんと知っている。その客が小学校中学校と不幸せな学校生活を過ごしてきたことを、社会の中にはその結果として学校や教師に対してある種のルサンチマンを抱えている人がたくさんいることを。六歳から十五歳までの十年近い時間を過ごす義務教育の空間の中で、レッテルを張られ、時に教師の横暴な体罰や子ども同士のいじめの餌食となった子たちが、大人になった時に、どんなルサンチマンを抱えて学校と対峙する存在となって行くか……。ぼくらの国の負の遺産は、今ただちに体罰やいじめが収まろうとも、ここから三十年は、受け継がれ続けていく、飲み会で普通の先生が普通に酒を飲んで楽しめない程度には。

3　公立中学校に立ち続ける理由

ぼくは丙午の学年である。いわゆる校内暴力が日本中の中学校を席巻した学年でもある。ぼくの出身中学校は北海道旭川市にある。中学校二年生の冬、ぼくの学校にも、本州の学校からは少し遅れた流れで、校内暴力の大波がやってきていたのだと思う。ぼくの学校は中二と中三の主導権争いの喧嘩を皮切りに、ひどい荒れの中に突入していった。北海道では多分最も早くにテレビで校内暴力に伴う事件が報道された学校の一つだったはずだ。

もちろんお世話になった先生はたくさんいる。だが、それでもなお、おおむねぼくにとって中学校とは悲惨な場所であった。荒れる仲間たちへの怒りもあったが、それ以上に、完全に信頼を失った教職員集団への腹立ちの方が勝っていたように思う。どの先生も、ぼくのように普通で静かに淡々とした日常が続いていくことを願っていた普通の生徒の声を真摯に聴いてくれなかったという強い強い失望感がある。

多くの教師は、小中学校に憧れの教師がおり、その教師のようになりたいという願いを持って教壇に立つようである。だが、ぼくはそうではない。もちろんお世話になった先生はいる。むしろ文字通りの反面教師としてのいくつもの教師像が、ぼくを中学校の教壇に向かわせることになった。小学校四年生の時に半年にわたって受け続けたひどいいじめとも相まって、そういう意味では、実はぼく自身もまた、ルサンチマンを抱えて教壇に立っているのである。

あの時の先生たちのようにではなく、公立中学校という場に立ち続けたいというモチベーションが、今もぼくを支えているとも言える。ぼくにとっての中学校は、あまりにも居心地の悪い場所であり過ぎた。ぼくの声はどこにも届くことがなく、ぼくの中でだけ、ぐるぐると自家消費されていた。今、目の前にいる子どもたちには、中学校が自分の思いを伸びやかに表現できる場所であったらいいなあと、そういうことをぼくは願っているのである。

4 「教室」の向こうまで続く地平

考えてみれば、あの校内暴力の時期が、義務教育の基本設計の場としての「教室」が揺らぎ始める最初であったと思う。あの頃子どもたちは、学校制度、先生を排除して、「教室」を解放区にしようと思っていたのだろうが、それ自体の矛盾に気が付くには幼過ぎた。

学制施行以来、人的配置と予算付けの基盤として義務教育を支え続けてきた「学級」は、既に賞味期限を過ぎているように思う。「教室」を「学級」と言い換えるなら、そもそも「学級」の声は、もう既にあまりにも多様で、一人の教師が聴き切ることのできない状況を生んでいると、ぼくには思える。

中学校のあの日、普通の生徒であったぼくの声を聞いてもらえる「装置」はどこにもなかった。そしてあの時と何も変わりばえしない制度や仕組みの中で、今も生徒たちの声を充分に聴くための「装置」はない。その「装置」として担任が機能するべきだとかっこよく言いたいところだが、現実にはそんなスーパーマンみたいな担任はいないのである。

「教室」の捉え方自体を、多様なニーズに対応する「学び手が選択する設計」に変えていかねば、教室の声はどこにも向かわずに、虚空をさまよっていくことになる。

対談1

一人の声の重さを感じる感性を持て

■子どもは変わったのか？

石川　多賀さんは以前、子どもはそんなに変わってないいんじゃないかとおっしゃってましたよね。たとえば野中信行さん(1)は、『困難な現場を生き抜く教師の仕事術』（学事出版）の中で、二〇〇四年の発行の本ですが、「子どもが変わった」と明言している。いかがですか？

多賀　だから変わったと思うこともあるんですけど、本質的なところは変わってないいんじゃないかなと。環境で変えてしまっているところがあって、だから子どもの魂のところを追求していけば、そんなに変わってないと考えています。

石川　野中さんが主張なさっている、社会的な状況や子どもたちが関係している環境が大きく変わってきたことで子どもたち自身が変わってきたのだ、という点に異論があるわけではないのですね？

多賀　ええ。

石川　とすると、昔ながらの方法だけでは通じないということになりますね？

多賀　ええ。

石川　うーん、多賀さんのようなベテランの先生が、子どもの変化に寄りそって、切り替えていくことは難しかったろうと思うんですが。

多賀　だから、周りの連中見ていると切り替えられなかった人がたくさんいる。その切り替えじゃなくて、それでやってしまえるようなものに転化している。たとえば仮説実験授業。それを今の状況に応用していくんです。

石川　子どもたちはどうしてるんですか、多賀さん？　その中にいる子どもたちは実際のところは、あ〜おもしろいな〜と言ってやっているんですか？　決定的にそれにのれない子っていないんですか？

多賀　たぶん中学生と小学生の違いだと思うんだけど、ほとんどの、全部という確信はないんだけど、やっぱり小学生の、思春期がどうかなということはおいておいて、思春期前の子どもたちの場合に、本当におもしろいものは、「いい」と言う。だから中村健一さん(2)みたいな、ああいうおもしろネタが通用していくんですね。

石川　以前に八巻寛治さん(3)にも話したんですけれど、中学生ってQ-U(4)のからくりを二回目か三回目で決定的に見抜いちゃう子とかいるんですね。つまり二回目か三回目で、「先生これは、なんか友達関係とか、クラスでの様子とかを分析するために使うんでしょ。今回は私、全部まんなかにマークした」と言うんですね。あざとさみたいなのを見透かされるっていうか。中学生のほうが小学生よりも、経験的なこともあって、からくりを見抜く可能性が高いということは確かにあると思います。

多賀　でも四年生ぐらいまでと、五、六年から先っていうのは違うと思う。子どもって言っても。たとえば、小学校五年生って言ったときに、みんな違う学年にイメージしている。自分がたくさん持った学年、女の先生だと低学年その子たちをイメージしてるし、高学年ばっかり持たされた男の先生は、そっちのイメージでする。ところが一年と六年って全然違うから、六年は中学にかなり近いところがあるから、だからやっぱり分けるとしたら実は四年の終わりぐらいになるのかなと。そこではっきりと違いが出て、さっきのあざとさが、僕はしたたかさだと思うけど、出てくると思う。だから子どもの書いたことや言ったことの、その額面通りに受け取るというのは、やっぱりありえないです。

石川　書いてある通りではない。

多賀　ないです。

石川　いろんな社会的な面みたいなのが。

多賀　そう。

石川　ま、社会的というか、一番大きいのはクラスのまわりの子たちへの意識が広がるってことですよね。それはやっぱり、小学校の五年生ぐらいから？

多賀　そうです。

石川　まぁ中学校では、内面みたいなのを、無理に書かせようとすることにこだわるかどうかもポイントですよね。もちろん生徒が本気で自分の内側にあるものと向き合って書き始めるというようなこともあるんですけれど、それには教師の技量というか、相当の信念みたいなものが必要で……。

多賀　そうそう。

石川　自分の……なんて言うんですかね、一番核になるようなものに近いようなものを核に近い形のまんまで書けるのは……。

多賀　それ中学の？

石川　いや、五年生以前の子です。そのずっと僕が生活綴り方(5)や児童詩にのれなかった理由もそのあたりのことがあるんでしょうね。

■書くことで内面が出てくるのか？

多賀　あのね。生活綴り方でいうと思春期ぐらいから中学にかけて、本当に内面を書かせたらまずいんじゃないかというのが、一部の先生たちからは、昔よく出ていて。実はどろどろしてる時期でしょ？　思春期って。それをまともに一生懸命見たら、ものすごくしんどいですよね。ある意味。

石川　多賀先生書かせるんですか？

多賀　僕は書かさない。

石川　えっと。でも書いてくる子っていますよね？

多賀　いますね。そりゃ書きたいんだから。その、どんどん書かせようとすると、そっちの方向にぐーんといく子がたまにいるから、逆に恐い。

石川　それはどういう匙加減なんですか？

多賀　匙加減？

石川　かつて上條晴夫さん(6)の「見たこと作文」の追試に取り組んだときに、親のセックスまで書いてくる子がいました。さすがに、文集にしては出せなかった。たしか鹿島和夫さん(7)の「先生、あのね」のあのね帳実践にはありましたよね、すごいなあと思いましたよ……お客さんが半分ぐらい引いてますが。（笑）

多賀　たとえば阪神大震災。六年生だったけど。文集に載せていいのは、載せられるものだけだし。実際に震災ってきれいごとじゃなくて、すごいことがいっぱいあるし。

石川　そうでしょうね。

多賀　だから、本当に家族のどろどろしたことが出てきてしまう。そのある程度、気分が高揚しているときは、割と人は善意で行動するんだけども、しばらくして落ち着いてくると、その高揚感が下がってきたときに、現実が押し寄せてきて、それでやけになったりということがおこるわけ。それが出てきだすと、やっぱりしんどい。それは学級では出せないし、だけど先生に言いたいってのはあるわけ。それは受けとめてやらないといけないかなと。ただ、受けとめたからって、何もできないです。具体的にはね。

石川　とりあえず授業っていうか、学級経営の仕組みとしては、要するに先生、多賀先生がね、水ぎわでそれをシェアするかどうかの判断をしていくの？

多賀　そういうこと。

石川　要するに、表に出ていってる文章と、実際にはもうちょっといろいろどろどろしたものが、もしその中にあればね、それは先生として受けとめていくことと、学習として外に出ることとの違いがある。

多賀　そう。

石川　でもそうやってやっていくとね、どろどろしたことを話さなくなるんですよ。

多賀　子どもが？　いや、逆にするようになるんじゃない？　つまりどうしても、こう吐き出さないと。

石川　そうですか……その、たとえば、外側に学習材として発信されていかないっていうことが、はっきりしている。もちろん表現というのは、それでも書きたい表現があるのは僕も当然分かるけど、ただ学習として回していくと「じゃ、書かない」という子も出てきませんか。で、何か匙加減があるんですか？

多賀　ない。それはそれ。学習としての作文自体は、今言ったこととは違うから、僕はきちんと説明できる文章が書けるということが大事だと思っているので、だから別に感情がこもった文章が書けなくてもいいいと思う。だから、それはそれ。

■作文は学級づくりなの？

石川　そうするとやっぱり、そういう非常時のことをそういう形で書くとなると、やっぱりそれは国語といった教科学習というよりは、学級づくりに近い。

多賀　そう。

石川　ま、明確に分けてるわけじゃないのでしょうけど……それとも、分けてるんですか？

多賀　分けてる。

石川　**分けてるんですか？　信じられない。**（笑）分けてるんですか？

多賀　（笑）だから作文教育っていうとこから入ってるから。もともと。

石川　もう少し詳しく話して頂けますか？　作文教育のあたり、もう少し。

多賀　うん、だから、作文教育っていうのは、作文って付いてるけど、作文のことじゃないっていうのが僕の頭の中にあって。作文教育は、集団主義教育とかいうのと同じような、教育の方法としての作文教育ってのがあるわけ。それは書くことだけじゃなくて、話すことも含めて、思いを出し、どう受けとめていくかという意味での作文教育。で、もっと言うと、概念くだきとかがでたり、そういうことになってくるけど、つまり自分がこうなっているものを、ある意味ほどいたり、

石川　書いたり話したり……。

多賀　することで。

石川　子どもは基本的にはこういう風になりがちだと。

多賀　特に中学年までは、混沌とした状態。それをどこかで整理しないと、自分でも自分の感情が分からない。

石川　僕、中学年だね、それじゃ。（笑）

多賀　そうなの？（笑）あのね、震災のときにすごく印象に残っているのが、失語症になった子が何人かいるの。つまりそのおじいちゃんの家にみんなでいって、ま、家がつぶれていて、家財道具とか取り出していて、その間にぽつんと一人で立っていて、それまでしゃべってたのにその一人ぽつんと立ってる状態を何時間か過ごして、親が話しかけても、いっさいしゃべらなかった子とか。ショックを表に出せなくなった状態の子たちが何人かいてね。書いてみたらどうですか？　と、何でもいいからちょこちょこ書いてるうちに、しばらく書いてると話ができるようになっていったということがあるんですね。

石川　書けるんですか？

多賀　書ける。書けない子もいるだろうけど、その子は書かなくてもいいわけだから、書ける子は書いてみたら？　と言うと、ちょこっと書く。そうすると、それでもって何か整理されていって、言葉を発することができるようになった子を二人知ってる。あの過程を見ていて、書くということの、なんかこう紐解くような、やっぱり吐き出さないといけないし、その吐き出し方として、やっぱりいいのじゃないかなとそういうのがある。だからあの、全員書かなくてもいいし、学校の教室で三十人いたら十人でいいぐらいに思ってやってる、ほかの二十人は別のアプローチでいいのかなと。

石川　向いてる子と向いてない子がいていい。

多賀　そうそうそう。

石川　自分の学び方みたいなものは、自分で選択できる。

多賀　そうそうそう。

石川　そうすると教室の中に、いく種類かの方法がある。

多賀　あるある。

石川　若い先生なんかは、そこがすごく難しくて。つまり全員一律で同じことをやらないと、子どもたちに説得的に説明できないという状況があって……。それは多賀さんはどういう風にしてきたんですか？

多賀　自分が？

石川　多賀さんが教室でやっているのは書くということだけど、読む、話すこともあるけど、中には絵を描く子もいたりするわけですよね。だから、そういう多様な表現のあり方みたいなものを教室の中で、同時並行的に、パラレルにわ～っと動いていくこともいいって方向で。だから、全員書けなくてもいいとするんだけど、でもこれは若い先生には難しい。

多賀　それは、難しいと思うな。だって書けない子を何とかしようと思ったりしちゃうから。

石川　その……全員一律、同じじゃないと、周りの子どもを説得できないって問題がある。そういうことはなかったですか？　たとえばどうしてこっちの子は書くの？　こっちの子は絵を描くのに、こっちの子はどうして話すだけ？　って。

多賀　それはね、なんとなくありみたいな感じでいっちゃうんだな。だからたぶんね、僕は何でもありだというのが、子どもたちの中にあるのかな。（笑）

石川　いや僕それで、きっと、なんとなくやれてるって言うかなあと思ったんだ。多賀さんのクラスはそれで回ってるよな？　っていうふうに思ったんだけど、何かまっすぐに言われると、やっぱりそっか、みたいな。（笑）

注

⑴　野中信行　学級づくりの3・7・30の法則で知られる横浜の元小学校教師。現在は全国各地で若手教師や学生を対象に、新卒期を乗り切るための様々な提言を行っている。

(2)　中村健一　山口県の現役小学校教師。お笑いのエッセンスを取り入れた様々な授業ネタ開発及び若手の学級づくりのための提言で注目の実践家である。

(3)　八巻寛治　仙台市の現役小学校教師。構成的グループエンカウンターの実践者として著名であり、Q-Uシートの開発に携わった一人としても知られている。

(4)　Q-U（Questionnaire-Utilities）　学級経営の状態を客観的に知る指標として近年注目を集めているアンケート方式の診断ツール。図書文化社を通して購入することができる。中心的に開発したのは、現早稲田大学の河村茂雄氏。

(5)　生活綴り方　戦前戦後を通じて日本各地で行われた作文教育。教科の枠組みに縛られぬ横断的学習であり、生活を見つめ生活をリアルに描くことで、子どもの社会認識を高め社会全体の改革をも意図した教育運動。

(6)　上條晴夫　現東北福祉大学准教授。山梨県下の小学校教師として「見たこと作文」と名付けられた作文メソッドを開発した。その後雑誌『授業づくりネットワーク』（学事出版）の編集長、同名団体の理事長などを経て、現在は質的研究、教師教育、協同学習などについて多岐にわたる提案を続けている。

(7)　鹿島和夫　元神戸市小学校教師。「せんせい、あのね」から始まる作文によって、生活を見つめる「あのね作文」で一世を風靡した。

第二章　僕らは教室の声をどのように聞いてきたか

―新卒から現在まで―

◆失敗の連続から考えたこと◆◆

多賀一郎

ここでは、僕は、新卒から現在に至るまで、保護者の声をどう聞いてきたかに絞って語りたいと思います。三十年以上に渡ってのことを、数ページで語りつくすことはできませんが、今から考えれば「こうしていたら良かったなあ」ということだらけです。

自らの懺悔という形で語ろうと思います。

1　新卒の頃が、一番いばっていた

僕は、新卒の一年目が神戸大学附属小学校でした。当時、先生の地位は高く、しかも、新卒でも附属の先生というだけで、周囲の扱いが違っていました。大いに勘違いした僕は、とても尊大な教師だったように思います。担任したのは帰国子女学級で、数名の子どもたちが相手でした。今から思えば、顔から火の出るようなことばかりで、未熟で子どもたちに申し訳ないような教師でした。

保護者と面談するときは、先輩の言葉や何冊か読んだ本の受け売りを、偉そうにとうとうと述べていました。その頃の自分は、保護者にはどう映っていたのだろうかと思うと、ぞっとします。

2　自分では気づけない

私立小学校へ移ってからも、当初は自信満々でした。附属から移ったために、周りの中堅若手の教師たちが全く勉強しないのを見て、いつも腹を立てていました。

そんな僕を保護者の皆さんは、常にあたたかく見守って下さっていたのだと、二十年ぐらいたってから気づきました。

保護者の言葉というものは、その後の自分の教育の支えになりました。二年目に、僕が

「こんなまじめに努力する子どもに力をつけられなかったら、教師の責任です。」

と、懇談で言い切ったとき、

「そんなことをおっしゃったのは、先生が初めてです。」

と言って頂いたのは、うれしかったです。子どもに力をつけられないのは、教師の責任という僕のスタンスは、ずっと変わりませんでした。

当時の僕は、自分の教育を熱く保護者に語って悦に入っていたように思います。学校で先輩の先生方とぶつかりながらも、この時期を乗り越えられたのは、保護者の励ましがあったからだと思っています。

修学旅行に出かけるとき、見送りのお母さんが、ベテランの先生に

「先生、この人（僕を指さして）は、子どもとはめ外すから、気を付けて見ていてくださいね。」

と、おっしゃったように、若いやんちゃな先生をあたたかく見ていてくださったのでしょう。

3　一年はベテランがいい

四年間も担任した子どもたちを卒業させて、初めての一年生。かわいい子どもの発した言葉が、ショックでした。

「せんせい、うちのおかあさんがねえ、となりのクラスのせんせいのほうがよかったのにって、いってたよ。」

と、笑顔で言われました。今から思えば当たり前のことで、保護者はベテランのお母さん先生の方が安心するのに決まっています。

何も知らないから、根拠のない自信だけが先行していた、そういう教師だったのだと思います。

4　保護者の思いに触れる

その次に担任した学年が、僕の全てを変えました。

とても問題の多かった学年でした。四年から三年間担任して、教室で起こるさまざまな問題を全て実行していた学年と言っても良いでしょう。保護者の皆さんと、懇談で長い時間話しこみました。

それだけではありません。毎日のように家に何件も電話がかかってきました。携帯のない時代です。

メールもありません。今のように、先生の家の電話番号を保護者に示さない時代でもありません。毎日、遅くまで保護者からの電話相談がありました。

　子どもたちとの関係は良かったと思います。保護者も、真剣に話し合ってくれました。それでも、子どもたちの問題行動は、とまりませんでした。自分の限界を感じて体調もぎりぎりで過ごした三年間でした。

「おやおやノート」というものを作って、保護者の間を回して、本音をたくさん共有しました。今でも、その四冊のノートの公開はできませんが、保護者の本音を知る資料としては、一級品だと思います。その中で強く感じたのは、教師が「教育」という言葉で振るう体罰は、子どもにも親にも、恨みしか残さないということでした。

「低学年から、先生方のご指導の下、わが子に加えられた体罰は、当然かもしれませんが、子どもの心に何を残したのでしょうか……。」

という問いかけが、心に突き刺さりました。体罰が当たり前の時代に、僕は保護者の本音を知ることができたと思っています。

　保護者にも限界があり、教師にも限界があります。お互いに精いっぱい助け合っても、子どもはなかなか変わらないということを教わった三年間でした。でも、今、その子たちが大人になり、立派に暮らしている姿は、僕の教育の支えになっています。

　卒業の謝恩会ではごちそうが並ぶのですが、そのとき僕は一口も食べられませんでした。なぜなら、ずっと保護者の方が順番にご挨拶にいらっしゃって、ほとんどの方が涙で話せなくなるという状態でしたから。

教育は結果ではない、経過なのだと教えて頂いたと思っています。

5　先手必勝とフォローを

その後も、保護者とのトラブルがなかったことは一度もありませんが、なんとか乗り切ってこられたとしか思えません。運もあるのです。

ここ数年は、まず、先手必勝ということを重視してきました。もちろん、教育に勝ち負けなんてありません。この「必勝」は、教室の教育をスムースにいかせるという意味です。「先手必勝」は、まず、こちらのペースでスタートするということです。

最初の保護者会の準備は、納得いくまでしました。

「二十五分間、話します。」

と言って、ぴったりその時間で、自分の学級づくりの考えを語りました。それで、ペースをつかんだら、一人一人へのフォローを保護者にも伝えていきます。僕がその子だけのためにしていることを、伝えていきました。

保護者との年齢の開きが、親子ほどになってきたここしばらくは、自分がどんな人間か、どんな哲学をもっているか、安心して頂けるように、話すことにしていました。自分のしている教育を語らない教師がいますが、何を考えてどんなことをしているのか分からない先生に子どもを預けて、安心できるはずがありません。

まず、こちらから伝えることが大切です。

◆教師には聞こえないという場所から考えること◆

石川　晋

1　わずか十八人の声を聴く力もないこと

ぼくが教室の声なき声に自覚的になったのは、三校目の小中併置校に赴任したことが大きかった。実にその時点で新卒からもう十年以上の時間が経過していたことになる。

最初の学校で初めて持った担任学級は、わずか三カ月で崩壊した。学級が崩れてしまうまでの三カ月間には、生徒のたくさんの声なき声があった。ぼくはそれを一つずつ見逃していった。

例えばぼくは、初担任の生徒たちを小学校へ連れて行ったことがある。学活の時間である。十八名の生徒は、極小規模校出身の一名を除き、全員がその小学校から入学してきた。中学校との距離は五百メートルほどである。教室で最も発言力のある女子生徒が、四月三週に入って、しきりと小学校のグラウンドを見に行きたいと言う。周囲の生徒も同調した。学級の係活動など決めなければならないことはほぼ決まっていた。連れて行ってもよいような気がした。

学活の時間、学校長の許しを得て、生徒を連れて小学校のグラウンドまで散歩に出かけた。生徒は楽しそうにおしゃべりをしながら歩いていく。よい天気だった。小学校のグラウンドについたら、もう二十分以上たっていた。どのくらいの時間で生徒が歩けるのか、正直に言ってぼくにはわかっていなかった。あせった。グラウンドでは児童が体育の授業をしていた。

ぼくたちは小学校に「散歩」に来ただけである。到着してしまえば、実に手持ち無沙汰だ。例の女子生徒のグループが、グラウンドで遊ぼうと言う。それはできなかった。時間もせまっていた。すぐに学校へ戻るように指示をした。生徒が「来てすぐに帰るなんて何しに来たのかわからないべや」と言った。帰りの道は不満だらけ。楽しいはずの小遠足は一気に苦行になってしまった。

なぜ、生徒は小学校を見に行こうと言ったのだろう。

当時学校は、とても荒れていた。三年生の男子集団が、一、二年生を子分のように使っていた。器物破損、恐喝、飲酒、喫煙、暴力……。一年生は当初から大変な不安を抱えていたはずである。そして、案の定ひどい状況の学校にたじろいだに違いない。中学校が安全安心な場所ではなかった。そこで過ごす三年間に幸せな自分の姿を思い描けなかった。そのことが彼らを小学校へ向かわせた理由だったのだと思う。だが、当時のぼくには、その声が聞こえていなかった。

当時ぼくが住んでいた家は、学校のすぐ前にあった。そして玄関の前は、広くアスファルトで固められていた。駐車スペースである。車を三台ほど横に並べられるほど広い。小学校への小遠足の数日後、夕方帰宅すると、玄関前の路面に、石を使って、大きな落書きが書かれていた。たわいもない内容である。キャラクターの絵が描いてあり、吹き出しで「こんにちは」とか「バイバイ」とか、書いてある。「石川晋」「しんしん」なんてことも書いてあった。それは表現としては稚拙だった。だが、ぼくへの親愛の表現でもあったのだろう。ぼくはここでもその声を聞きそこなった。

翌朝、学校で男子生徒に尋ねると、学級の女子生徒二名だと言う。学級の中ではおとなしい二人だった。朝の会の場で二人を説諭しようとした。ところが二名の生徒は自分たちが書いたことを認めない。周りの女子生徒が騒ぎ始めた。書いたかどうかわからないのに、疑うなんてひどい、と。男子生徒は黙っている。結局二名は書いた事実を認めず、学級の騒然とした状態を収めることもできなかった。落書きはいけないことだという一般論を語って教室から職員室へ戻った。

この一件の後、目に見えて教室の中が落ち着きをなくしていく。小さな出来事だが、学級にとっては重大な出来事だった。ぼくは、この件は、クラス崩壊の序章だったと思っている。そのことを、十年ほど前に堀裕嗣さん(1)、桑原賢さん(2)との共著『失敗事例に学ぶ生徒指導』(明治図書)の中に書いた。

> 私には、全体の場で対決するための気概も姿勢も欠けていた。方法もなかった。完敗であった。おそらく二人にはそれほどの悪気があったわけでもない。また学校のすぐ前とは言え、校外での出来事でもある。二人を呼んで説諭することもできただろう。いずれにせよ、指導のスタンスが実に中途半端だったのである。教師の側に指導の方針が定まっていなかったのだ。

たしかに、ぼくは、それがターニングポイントであったと今も思う。

しかし、そこで「対決」に勝てなかったことがクラスを壊した原因だったという分析は情けないほど浅いものだということも今はわかる。二人の女の子による行為は子どもじみていて稚拙だ。でもそれはぼくへの温かい親愛の呼びかけだったのだと思う。その声を聞けなかったぼくの力量不足こそが、あの日を境に音を立てて崩れていった最大の原因であったと、今はそう思う。

2　小中併置校で聞こえてきた声

その後ぼくは大規模校に転任し、いわゆる都市型の非行に対峙しながら、「対決」と「掌握」を基本とする教室経営に邁進した。例えば子どもたちは、合唱コンクールのリハーサルの時、体育館に出て整然と並び、ステージにぼくの指示なしで整然と上がり、歌い終わってこれも整然と降りてくる。ぼくが指示をすると、すっと気を付けの姿勢になり、「はい」と短く大きな声で全員が返事する。その一部始終をじいっと見ていた学校長が、「石川くん、少し締め過ぎじゃないのか」と。それが、自分に対する褒め言葉であるかのように当時のぼくには思えたりしていたのである。

こうした指導のあり方は、徐々に柔らかくはなっていったが、五年後にこの学校を出て、小中併置校に異動するまでおおむね続いていたと思う。

小中併置校では、当然のことながら、一人ひとりの生徒と話をする機会が格段に増えた。一対一で行う国語の授業などでは、必要なことは授業時間の半分くらいで終わってしまう。残りの時間は生徒とのいろんな会話の時間になっていった。

また小学校の子どもたちが同じ学校の中にいるということもとても新鮮で大きな体験だった。中学校にあがってくるまでに、子どもたちは一人ひとり様々な過程を歩みながら成長して来るのだということが日常の中で見えてきた。正直に書くと、それまで自分がいかに子どもたちの姿を見ていなかったのかということを痛感した。子どもたち一人ひとりの人生の物語に思いをはせる余裕もなく、学校の理屈の代弁者として、一様な物語を強要してきたのではなかったかと、強く感じた。

一対一の教室はもちろん、ほんの数名しかいない教室の中で、子どもたちは、大規模校の子どもたちがそうであるような、頭のてっぺんから飛び出てくるあのキンキン声を出すことはほとんどない。休み時間も、学校中を覆う喧騒のようなものはなく、一人ひとりの姿をした話し声がまっすぐに聞こえてくる。子どもたちの声というのは、本来一人ひとりの姿をしているのだという当たり前のことに気づかされて、それまでの自分に慄然とした。

3　結局、たくさんの声の中で一つの声を見極めることの困難

その後ぼくは地方の中規模校へ転出して今に至る。再び田舎教師として生きることを選んで二校目。一人ひとりの声への心の向き方は決定的に変わったと思う。だが、こうも思う。結局何十人かの子ども集団の中で、一人ひとりの声を聞く能力は、ぼくには欠けている。いや、一握りの名人教師以外には無理な相談だろう、と。つまり、凡百な教師は、大集団を前にむちゃくちゃに努力する

といった解決策ではない、一人ひとりの声と向きあえるしかけづくりを真剣に考えなくてはいけないだろうということだ。

注

(1) 堀　裕嗣　北海道の現役中学校教師。専門の国語教育、学級づくりに留まらず、「教師力ピラミッド」をはじめとする職員室論や教育全般への多岐にわたる発言で注目を集める教師である。

(2) 桑原　賢　北海道の元中学校、特別支援学校教師。現在は支援の必要な人たちの就労にかかわる活動をすべく、ＮＰＯを立ち上げ、旭川市近辺に活動の輪を広げている。

対談2

成功者の失敗談じゃない

若い先生はまじめだよねえ

石川　まじめなんですよね、きっと。若い先生が。

多賀　そう思う。

石川　そのまじめさが邪魔してるんですかね。

多賀　う～ん、あの、まじめさもそうなんだけど、あの、なんと言うかな。失礼な言い方をすれば割と、あの、まともに暮らしすぎてきたかな、という。

石川　すごく、失礼ですね。（笑）

多賀　（笑）いやたぶんね。今の若い学校の先生たちの多くは、たぶん先生にかんしゃく玉投げつけたことないと思うし。授業中に先生に見えないように弁当食べたこともないだろうし、あの、そういうことを自慢話じゃなくて、僕たちがやってきた、木に登って栗盗んで怒られたりとか。

石川　学校に対して、すごく適性の高かった人が学校に入ってるのかなという風に思う。

多賀　そうそうそう。

石川　つまり、学校というところに、すごく居づらいことがあったという人は、学校嫌い……。飲み屋でも先生だと分かるとからんでくる人がいるんですね。そういう人は不適応だったんだろうけど、僕じゃなくて、もっと別な人にからめばいいのに、と。まぁ、とにかく学校に適性の高かった人、つまり学校というところに、いい思いをした人が学校に残っていく。だけど学校の中でいい思いをする人は一握りじゃないですか。もっとたくさんの子にいい思いをしてもらいたいけど、やっぱり一握りぐらいの子しか、いい思いをしてないよなと思うわけです。残りのいい思いをしてない子の声っていうのは、やっぱり学校でまっすぐ育った人とか、幸せに暮らしてきた人とかでは、聞けないいんじゃないの？　と。

多賀　そこが問題。

石川　適性が高くて。算数もできました。国語もできました。先生にもいい子だねと言われてきました。

多賀　これでもう一つ失礼な言い方をすれば、だからといって偏差値七五なんて人はいない。

石川　ですね。

多賀　だから中途半端ないい子ばかり。違う人もいるんですけど、割と多いんじゃないかな。親が呼び出されて、泣きながら親が帰ったりとか。

石川　多賀さんの親は泣きながら帰ったんですね？

多賀　うちの親は泣かないです。

石川　（笑）

多賀　うちの親は、僕の百倍ぐらい論が立ちますから。先生を叩きふせて帰る。

石川　今で言うところのモンスターペアレント。（笑）

多賀　かなり上のモンスター。先生もやられたと思ってない人もいるかもしれない。

■どうしたら子どもの声が聞けるんでしょうか？

石川　どうしたらいいんでしょう。どうしたら聞けるようになるんですかね。

多賀　子どもたちの声ですか？

石川　第一章が「教室の声はどこに向かっているか」。僕、これ一章だけ書き上げてきたんですね。だけど、書きながら、若い先生のために書こうという気持ちは、これっぽっちもないと気づいちゃった。ちょっとネガティブな話になってしまうんですけど……。

多賀　や。だからね。たぶん僕もネガティブ思考。基本的に。ただ小学生を相手にすると、あの子たちは、すごくポジティブ思考なわけ。だから一年生でも、中学校一年生と小学校一年生は全然違う。小学校一年生って、もう自分の可能性みたいなものを山ほど信じてる。
石川　うちの娘もそうです。全部になれると思ってる。
多賀　そうでしょ？
石川　大きな勘違い。
多賀　それがね、大きな勘違いっていずれ分かるんだけど。でもね、勘違いの時間が長いほど幸せなんだと、僕は思うんだ。
石川　いいこと言いますね。（笑）しかも関西弁で言われると。（笑）勘違いの時間が長いほど幸せねえ。
多賀　あの、たとえばサンタクロースの話があるでしょう？　で、やっぱり一年生は、「あれは、お父さん」とか、言うんですよ。「先生、なになに君がサンタクロースはいないって、お父さんがやってるって。」いや～彼のうちはそうかもしれないけど、先生のうちはサンタさん来ると信じてるよ、と。すると、「そうだね」と納得する。さらに、「信じてる人の家にしか来ないからね」と。僕は言うんです。で、変な話、今朝、ユーミンの「恋人はサンタクロース」を聞いてきたんです。あの話でサンタクロースといったときに、どんなイメージなんですかね。あの歌の感じ方が変わると思う。
石川　あれは別に、年の離れた恋人同士のことじゃないですよね。（笑）
多賀　そうそう。だから、何かにつけて、そういう時間や、夢見る時間が多かった子が、人生が豊かになって幸せが増えると。

石川　ちょんせいこさん[1]と岩瀬直樹さん[2]は、「幸せな子ども時代」というのをキーワードにして、活動を展開されている。僕もやっぱり中学三年生まで幸せな子どもでいてもらいたいと思ってるんですよ。せめて僕が関わる範囲までは、幸せな子どもでいてほしいなと思って。要するに、気が付かない子で。（笑）

多賀　そうそう。気が付かない方がいいと。それを無理矢理気づかそうという先生がたまにいるから。

石川　でも、実際中学校にあがっていくと、もういろんなことに気が付いちゃってる子がいて。そういう子の声っていうのは、拾っていくことがなかなか困難。僕も全部拾えているとはまったく思っていないけど、僕のように多少でも子どもの側に立とうとする先生が、公立中学校の中で仕事をしていくことは、本当に難しい。子どもの声を聴ける先生は、その子たちと同様に、生きにくい状況になっている。中学校という場で子どもの声を拾っていくのは、どういう風にやったらいいんだろう。聴こえなければいいと思うときさえある。でもやっぱり聴こえてしまう。きっと四年生と五年生のさかいぐらい……多賀先生の教室では、それを丁寧に拾えるような、書く活動や話す活動が、仕組みとして教室の中にあるのだと思う。

■若手は惨憺たるもの

多賀　僕ね、いわゆる優秀だと言われている小学校の先生のクラスをいくつか見ると、大体幼い。子どもが。
石川　中学もそうです。
多賀　あ。やっぱりそう？　結局ね、だから変に大人びていかなくて、子どもになるんですね。だからそこらへんなの、実は。だから若い先生がもし、そういうことができるようなてだてがあるんであれば。
石川　若い先生はできるはずですよね。もっと。
多賀　本当はね。
石川　だけど若い先生は、惨憺たるものですね。（笑）
多賀　（フロアーを指して）ここにいっぱいいるのに。（笑）
石川　いや僕は毎日学校で頭をかかえてますよ。あ～、どうしてこんな悲劇的なことが毎日学校で起こるんだろうって。
多賀　ま、ある意味ね。一生懸命やりすぎるのもよくない。もちろん一生懸命やらないといけないんだけども、人のやることなんか、やっぱり限界があるわけでしょ？

石川　はい。

多賀　なのに全部やれるような気がするわけなんですよ。たぶん、やれないことばっかり感じて年齢がいく。これやれないなと思ってる方が、かえっていいところがあって、いい格好言うと、限界を知ってからが教師ってよく言うんだけど、やってる時ってそんなに思ったことない。だけど実際問題、やれないことを感じたほうが、いいときもあるかな。

石川　学校の先生って採用試験に受かったところでなるものじゃなくて、実際に学校で働くようになって徐々になっていくものですよね。

多賀　そうです。

石川　僕なんて新任から三年間ひどかった。二年目に持った初担任は最初の五月に崩壊して、それ三年生まで持ち上がった。逃げ回って生活してましたね。いろんなものから目を伏せて。人のせいにだけはしてませんけど。同僚のせいにも子どものせいにもしなかったけど。だけど結局考えてみればあの子たちに、やっとなんとか学校の先生にしてもらった。でも今は教員採用試験受かったところで、なんか学校の先生になっちゃってるみたいな人がいる。

多賀　あ、そうそう。（笑）

石川　それと、寝食をけずって教師道を歩むみたいなこととごっちゃになっちゃってるところもあると思うんですよね。たとえば僕の小学校時代とか、土日もスキーにつれてってくれる先生がいて、それって最近ほとんど見かけなくなってしまった光景ですよね。一方で、今、モーレツな先生とか、学級通信もガンガン書いて、学校にも夜十時ぐらいまで残ってて、部活で土日は全部つぶれて……で、僕、それって実は僕が小学校時代に僕をスキーに連れていってくれた先生と、何かちょっとモーレツのカテゴリーが違うような気がするんですね。僕はあのスキーに連れて行ってくれた先生に楽しい人生の生き方、冬を楽しく生活するみたいなことを教えてもらったなと思うんです。自分の楽しみみたいなことと、教師としての仕事がかなりの線でくっついていたんだと思うのね、彼は。一方で今は、すごい先生が、本のあとがきとかに、「僕の人生は教師人生そのものです」なんてぺろっと書いちゃう。それを若い先生が見習っていって、本当は恋人のことばかり考えているとか、パチンコいきたいとか思っていても、表では言えない……きついですよね。

多賀　それはきつい。

石川　いてもいいと思うんです。

多賀　だからいつも僕は「教育趣味」だって。趣味だからパチンコと同じ。

石川　これなんて完全に趣味ですよ。阿部隆幸さん(3)が、NPO授業づくりネットワーク(4)の編集会議に来ると、今日は趣味の時間だというのね。スゴイなあ、ぼくも言いたいって思う。

多賀　そう。だからね。趣味の時間と仕事の時間がある。一緒くたにしちゃうとだめ。

石川　この時間は趣味って。

多賀　教育のことしてても、趣味でやってる、そこの切り替えがなくて、仕事の関連のセミナーしてるから、僕がいつも「現場は学校ですよ」と言うのは、そこにあって。

■なじみにくい子どもの声は、まじめだけでは聞けない

石川　話を無理矢理元に戻すと、まじめすぎる先生は、うまくなじめない子どもたち、なんか学校という枠の中にうまくはまれない子どもたちに対して、寛容でないという側面もありますよね。

多賀　そういうことです。僕、その部分はあるの。僕ねすごい寛容。ていうとね、たぶん教え子とか厳しかったたって絶対言うだろうけど、なんていうかな自分がゴンタだったから。ゴンタわかる？

石川　ごろつき？　はまずいか。やんちゃ？　ちがうか。

多賀　「ゴンタ」通じないのかあ。

石川　通じないですよ。アウェイですねえ。

多賀　う～ん。やんちゃという意味なんだ。著書にも僕は書いてるんだけど、子どものときの通知表の所見欄とかに、落ち着きがありませんとか、書かれて。学校の先生が落ち着きがないって書くってことは、半端な落ち着きのなさじゃない。（笑）

石川　僕は「明朗快活」って書いてあった。（笑）

多賀　二学期になったら「少しましになりました」、三学期になったら「だいぶ落ち着いてきました」と。たぶんそれは違うんですよ、先生が慣れただけ。だって次の年になったら、また一学期、通知表に「落ち着きがない」って。だって授業がつまらない。先生にぱっと聞かれたら全部こたえちゃ

う。聞いてないふりして聞いてるタイプ。先生泣かしたりとか、そんなことばっかりしてた。その頃の僕が自分の担任するクラスに座ってたら絶対にいや。

石川　要するに、叱るポイントがあるんですよね。

多賀　そう。

石川　そういうことですよね。後に関しては極めて寛容と。

多賀　これとこれはだめとか。結局、遅刻といじめ。この二つ以外はかなり。

石川　あ、僕は遅刻は寛容。でも、食べ物を大事にしないと。

多賀　あ〜。

石川　食べものを大事にしないと腹立ちますね。給食のプリンのカップとかで遊ぶやついるでしょ？　そうするとそばまでいって「おまえもそのプリンみたいにしてやろうか」って。（笑）めったに怒らないですよ。年に一回か二回くらい。やっぱり叱るポイントってある。

多賀　そうです。

石川　何でもかんでも叱ってるわけじゃない。子どももそのうちに分かるんですよね。

多賀　分かる。だから、一挙手一投足に叱られると、何が怒られるか分からないから、みんな不安になって、で、不安な状態だと当然行動も悪くなる。でもこれとこれしなかったら、この先生怒らへんなと思ったら、ま、かなり落ち着いてるように思う。

石川　どっちが卵でどっちがにわとりかって話になっちゃうかもしれないけど。今の話でいうと、ルールを知ることで概ね寛容に暮らせるか、もともと寛容で回っていくかによる。要するに細かい先生に聞くと、寛容になれなくて苦しいって言う。

■「好きにやれ」と言ってみたらいい

多賀　僕は性格的には寛容じゃない。

石川　寛容じゃない？

多賀　うん。そうなっていったの。最初の頃に持った子どもたちが、僕は私学だから三、四、五、六とあがっていって、その子たちを持った時、もう先生やめようとずっと思っていたから。で、もうこの子たちに任せようと。何があっても任せようと。もう好きにやれと思ったら、ちゃんとしている。ちゃんとさせようと思っている間はだめなの。

石川　そのお話、すごくいい話なんですけど、でも若い人はきっと分からない。なんか、明日教室にいって、好きにやれ、と言いそう。（笑）

多賀　言ってみたらいいと思う。

石川　あはは、そうか。そりゃぁそうですよね。

多賀　結局ね、子どもらって、信頼してるかどうかというのがあって。子どもらって、あんな無茶苦茶する連中、信用できないわけでしょ？　基本的に。でもその子らをどっか信頼するっていう。

石川　ありますね。思い出しました。その話。最初の学校がめちゃくちゃな学校で、スノーモービルで生徒が登校してきてね。（笑）そんな状況なんで学校中の部屋に鍵がかかってるの。で、転勤してきた先生が一人いて。僕より年齢が十くらい年上で。その先生が最初に言ったことは鍵をはずそうってことだった。先生方は、子供が無茶苦茶やると思ってるし、実際無茶苦茶するかもしれない。だけど、この鍵をはずさないとだめだ、この鍵をはずすところからスタートしようという話をしたのね。

多賀　だから鍵をはずさないの、若い人は。それが時代でもある。

石川　周囲の目もあるし。

多賀　そう。昔は先生が何やっても、オーケーみたいなところあったから、今はそうはいかんわね。

学校を出たのは、どうして？

石川　やっぱりこの話を、対談の筋とは違うけどしておきたいと思うのは、多賀さんが学校というところで仕事をしていくのは、やっぱり大変だったという話です。その大変の本音というか、そこを話せる範囲でお話してもらえるとうれしいなって思うんです。

多賀　僕ね、それは今の話と通じるところがあって、要するに自分が信念を持ってやってることが、学校の中では認められているんだけど、システム上からは認められない。

石川　ええとごめんなさい。学校の中で認められているというのをもうちょっと具体的に。
多賀　だから、もし多数決とると圧倒的なの、僕への支持が多い。
石川　職員にしても、保護者にしても子どもたちにしても。
多賀　そう。だけど権力のあるところにはだめよ。またそのためのてだて、こうしたらうまくいくって分かってたんだけど、したくなかった。
石川　要するに、自分にとって一番 fun なことを続けたかったんですね。
多賀　そうそうそう。（笑）
石川　いや、それは笑い事じゃなくて分かります。僕には。すごくよく分かります。何年ぐらいがんばったんですか？
多賀　かなり。僕の友達はみんな、よう我慢したなと、誰一人、僕と近い人間ほど、もったいないとか、何で？　とか言わない。家族もそうだね。もういいやん。もう好きなことしたら？　と。
石川　すごくそこを、上手にバランスよくやってのける人もいますよね。多賀さん、それを潔しとはしなかった？
多賀　いやだった。だからわがままだから、僕はよくお子ちゃまって言われるんだけど。（笑）そのぎりぎりのところになると、お子ちゃまが出ちゃうの。
石川　いや、僕にとっては、それはその切実な問題なんですよ。多賀さんにそこをやっぱりちゃんと聞いておきたいことなんです。六十歳まで続けていく大変さ。ずっと続けていけなかった先生がたくさんいますよね。

多賀　だから僕も六十歳まではやりたかった。あと数年。だけどもういいかなって。体にきてたから。だから僕がもう数年続けてたら、何か問題になることをやってると思う。

石川　何したんですか？（笑）ただ僕はいつも六十のときのうちの父親（教員だったんですが）のことを頭の中に描きながら、六十歳で教員をしている自分が想像できないということの意味を考え続けているのね。野中さんのクラスを彼が六十のときに見に行ったり、六十歳で引退したばっかりの琴寄政人さん(5)に会いに行ったり……。六十歳まで教室に立ち続けたい人間って、何を捨てて何を残すのだろうみたいなこと。誰も説明してくれないことだから。だから多賀さんは結局、何を我慢できなくてそこを出ていったんだろうみたいなこと。やっぱり多賀さんの話次第によっては、僕も来年でやめてもいいかなと（笑）。

多賀　だって晋さん、子ども、ちっちゃい。

石川　あ、そうか。そこまで考えてなかった。（笑）

多賀　だってね、何回か思ってるけど、子どもが小さい頃は我慢せざるをえない。

石川　そうなんだ。

多賀　だから今回でやめるというのは。

石川　うーん子どもがいるとなかなか出られませんよね。

多賀　いやいや世の中から見たら石川さんは成功。それによって、石川先生はまっとうな人生に……。

石川　池田修さん(6)もそういう感じがしますね。多賀さん、今お子さんおいくつですか？

多賀　三十歳。

石川　僕、娘が三十歳のときまで生きてないかも……。今二歳ですもん。四十七で。七十五歳はきびしいよね……。

注

(1) ちょんせいこ　大阪出身のファシリテーター。ホワイトボードミーティングの手法を開発し、全国で講座や演習をしながら、話し合いを適切円滑に進める方法共有のための活動を続けている。活動の場は学校から会社、民間の様々な団体まで多岐に及ぶ。

(2) 岩瀬直樹　埼玉県の現役小学校教師。校内研修、ライティングワークショップの紹介など、新しい学校、教室、授業の可能性を追究する提案で、広く知られている。

(3) 阿部隆幸　福島県の現役小学校教師。社会科教育を基盤としながら、『学びあい』、協同学習など、様々な領域を雑食するボーダレスな仕事ぶりで知られる。現在は東北青年塾など若手を育てる教育活動にも傾注している。ＮＰＯ授業づくりネットワーク副理事長。

(4) ＮＰＯ授業づくりネットワーク　一九八八年創刊の同名雑誌と年間数回の全国規模の集会づくりを基本とし、先端的な教育活動を提案、紹介してきた研究団体。教室ディベート、ワークショップ型授業などを広めるために尽力したことで知られている。

(5)　琴寄政人　千葉県の元中学校教師。学校教育内部から一貫してラジカルな発言を続けてきた少壮の教師。その興味関心の世界は多岐にわたる。現在は東北震災に関する積極的な発言を続けながら現地支援を続けている。

(6)　池田　修　東京都内の中学校教師を経て、現在は京都橘大学准教授。教員養成学部の実学化を主張し、学級担任論の講義を開設するなど注目の提案を続けている。本対談も池田氏と立命館小学校の糸井登氏が設立した若手教師を育てる研修会「明日の教室」の活動の一環として行われた。

第三章　どうすれば教室の声を聞けるようになるか

――声を大きくあげられない子どもたち――

◆保護者の声も聞け◆◆

多賀一郎

教室の声は、真正面からは入らないものです。教室の子どもたちの声、保護者の声は、真っ直ぐに教師に届いてくるとは限りません。そして、言葉で入ってくるとも限りません。そのことを分かっていないと、教室の声は聞き取れません。

1　五感で聞く

子どもが先生に伝えたいのは、まず、

「自分の気持ちを分かってほしい。この思いを知ってほしい。」

ということです。

事実関係を分かってほしいことが、先にあるのではありません。分かってほしいのは、思いなのです。

そこをよく取り違えるために、子どもと教師の間に溝が入ってしまうのです。

まずは、子どもの気持ちに寄り添うことが大切です。

でも、寄り添おうと思ったら、言葉だけを聞いていては、無理でしょう。子どもたちが五感を使って表現する複雑な「思い」という声に対して、教師も五感で聞き取ろうとしないといけません。

子どもたちの表情、声の調子、態度、そういうところに本音が見えてきます。

ある学校で授業を見せて頂いたとき、五年生の教室で一人の子どもが発言したときに限って、数人の女の子たちが目配せをしていました。先生は気づいていませんでした。特定の子どもに対してだけでした。これは危ないなと思っていたら、案の定でした。

残念ながら、今の教室では、おおらかでゆるーい教師がにこにこしていたらなんとかなるというようなことはありません。教室の空気を読む。それが、教室の声を聞くことなのだと思います。

2　背景で、子どもを見る

子どもの声を、その一瞬だけで聞こうとしてはいけないと思っています。日常の言動との比較は、いつもなされなければならないのです。

子どものすることには、いつも、意味があります。その意味を正しく読み取るためには、子どもの背景をいつも頭に置いておかなければなりません。

一年生で、男の先生の声に、そんなに大声ではなくてもおびえたような表情を見せる子どもは、家で父親のＤＶにおびえている可能性があるのです。そういう子どもたちは、

「家でお父さんが暴れている。」

などと先生に訴えることは、まずありません。恐怖に支配されるということは、口を開けなくなることです。これは、いじめ等でも同じような構造ですね。

「なんでも言い合える学級」というスローガンを掲げ、そういう努力を、僕も重ねました。でも、学級集団というよりも、人間の集団の中で、「なんでも言い合える」ということは、幻想にすぎないのではないか、と思ったことが、何度もあります。

子どもの重い口が開くのは、教師個人を信頼したときにしかないと、僕は思っています。

そうした信頼は、教師がどれだけ自分の背景をくみ取って考えてくれているのか、ということにつきるのだと思います。

3　先生への文句は的確？

良心的な保護者が困るのは、子どもの言う先生批判が、あまりにも的確なことです。

「先生は、Aさんのときだけ、言い方が優しい。」

「僕やB君がしたときは、すごく怒るけど、C君やD君のときは、笑っている。」

こういう言葉を聞いたとき、多くの保護者は、とまどいます。鵜呑みにする保護者ばかりではないのです。

しかし、どう聞いても、いろいろとほかの子どもたちに確かめても、子どもの言うことには説得力のあるときがあります。子どもたちは、鋭く教師を見抜いてくることがありますから。「今日、先生は、○○○をまちがったけど、僕たちのせいにして、ごまかしてしまった。」というように具体的に言われたら、認めざるを得ないのです。

それで、わが子が先生のことを「嫌いだ」「いやだ」と言ったとき、どうしたら良いのか悩みます。そして、いろいろ考えたあげく、黙ってしまう方も多いのです。クレームをつけてくる保護者の後ろには、そうした多くの困っている保護者がいるものです。

教師の側には、教師なりの論理があって、していることに理由があります。たとえば、家庭の事情をくんで、本来は叱らなければならないことを、そっとしておいたのかも知れません。

ふだんから、「この先生は、子どものことを考えて行動する。いつも子どもの側に立って考えてくれる」というとらえ方をしてもらっていれば、こうした不満の声も、きちんとした形で教師に伝わってきます。ですから、教師は、自分の考え方や子どもに対する見方を、いろんな方法で保護者に伝えていかなければならないのです。

4　保護者の声を封殺するな

モンスター・ペアレンツは、確かにいらっしゃいます。ちょっとしたことでクレームをつけてくる保護者もいらっしゃいます。先生の悪口や文句を言う親も、おられます。

それでも、教師という存在は教室の権力者であって、物申すときには、それなりの覚悟がいるのだということは、頭に置いておいたほうが良いでしょう。

「親塾」をして、保護者の悩み相談を受けていると、そのへんの葛藤がよく分かります。よく僕はおうちの方に言うのです。

「先生に何か伝えたかったら、いきなり用件を切り出してはいけません。先生たちは、親から連絡が来たら、『また、クレームか?』と、構えてしまいます。そこへいきなり要件が出てくると、相談をかけているつもりが、文句を言いに来たと受け取られかねませんよ。まず、最初の言葉は『いつもお世話になっています。』から始めましょう。できれば『この間は……をありがとうございました。』と、何かお礼を言うことを見つけて、付け加えてください。それだけで、先生たちは、話をまともに聞く構えができるものなのですよ。」

と。

保護者が先生に何か言ってくるときには、悩んだり考えたりした上でのことが多いのだと、とらえていないと、保護者の声を聞き誤ることになります。クレームに対して、謙虚な姿勢を持つことは、大事なことだと考えています。

ただし、本当にわけの分からないことを言って来られる方は、いらっしゃいます。

そんなときは、毅然とした態度で臨むことと、学校というチームとして考えていくということがないと、独りで自滅することにもなりかねません。

子どもにしても、保護者にしても、サイレント・マジョリティがたくさんいるのです。その声が聞けるためには、教師の姿勢が一番重要なのだということです。大声の一部の子どもや保護者の声だけが、教室に響かないために。

◆小中併置校で気づいたこと◆

石川　晋

1　小中併置校で「発見」した声

前章でも書いたとおり、ぼくは小中併置校で四年を過ごした。児童生徒合わせて二十名に満たない小さな小さな学校だ。国語の授業は一対一だったり、せいぜい一対三だったりする。まるで個別学習だ。それまで四十名に近い生徒に教えていたわけだから、かなりの衝撃だった。

その衝撃の中身は多岐にわたるのだが、教室の声ということに焦点化すると、一人の意見や考えが圧倒的に尊重されるということを挙げることができる。そもそもほとんどすべての場面において、全員の意見が求められる。ここには、少なくとも一つの案件について声をあげられない子どもはいない。「大きく」声をあげる必要もない。

だが、そのような少人数の状況でも、子どもたち一人ひとりの思いの奥底に教師が到達しえたと思う瞬間はまれである。ぼくが小中併置校で、子どもたちの「声」について学んだことは、一つは、子どもたちの声を聞くには、少人数にすることが必要だ。そしてもう一つは子どもたちの心の奥底の思い（声）に教師が到達するということは、それでも、多分不可能なのだろうということ。この二つだった。

2　ごにょごにょと話し込む声

その後再び大きな学校に転任した後、ワークショップ型学習や協同学習に取り組むようになった。とくに学習する際の基本をペア・グループ学習の形態にしてまわし始めた。その方法が徐々に教室になじんでいくと、例えば四名チームで話し合う様子がとても親和的になってくる。四人が頭を寄せ合い、足のつま先も互いの方に向け、話し合いに熱中する時、そこで交わされる言葉は、ごにょごにょとしている。明るくはきはきと元気よくという、日本の学校が一貫して要求してきた声とは違っているが、一人ひとりの身体のありようを表すかのような「人声」として互いの前に現れる。

ぼくが新卒時代を過ごした学校、そして新卒二年目から担任をして中三までを持ちあがったクラスでは、そう考えてみると、子どもたちが子どもたちの姿をした声を聞きあう場面はほとんどなかったと言ってよい。授業時間の蚊の鳴くような声、あるいは教師に逆らうドスの利いた声。休み時間は学校中を覆う怒号のような声。あれらは一体全体、声だったのだろうか。そしておそらくはその子らの声に負けずに張り上げられていく、ちっともぼくの姿をしていない声も。

教室の声が、耳障りではない、隣の人に届くようなごく自然な音量で発せられる声の集合体であるクラスは、そのまま一人ひとりの顔が見える一人ひとりに居場所のあるクラスなのだと思う。

繰り返すがその時、教室に在る声は、発表文化特有の大きく明るく元気よくの声でもなく、休み時間を覆うコミュニケーション欲求に満ちたＳＯＳのような声々とも違う。時にごにょごにょとした声であったりするのだと思う。

3　声を聞くしかけとしてのワークショップ型授業

ぼくの親友でもある北海道の中学校国語教師堀裕嗣は、これまで行使されてきた学校における権力の形が、変わりつつあると指摘する。つまり、これまでの規律訓練型権力の行使という形から、環境管理型権力（ぼくらは、環境調整型権力、と呼んでいる）への移行が進んでいるとする。その上で、例えばその最たるものが、「ワークショップ」に代表される新しい形の授業であるとする。

ワークショップは、参加者の共同制作、協同的体験などを基本とするわけだが、その際、学習は、参加者の自発的な取り組みに委ねられる。つまり教師が、指示や発問を繰り出し、説明することで進行してきた学びが、基本的には学習者の主体性にまかされ、いわば学習の自動化のようなことが起こる。教師は、場や課題などの設定に腐心するわけで、学び手の学ぶ環境を（事前に）調整することで、見えない形で教師自身の影響力が行使されていくということだ。

だが、ぼくにとってのワークショップの価値は堀の説明とは少し違っている。ワークショップはおおむねチームで行われていくが、ぼくはその中で、一斉授業ではなかなか個別に関わることの難しかった多くの生徒と、活動中に関わることができることに価値を見出した。これまでなかなか聞くことのできなかった生徒たち個々の声を、いわば一方で活動をさせながら、聞くことができたのである。ぼくは、子どもたちの声を聞くしかけとしてワークショップ型授業を志向したのだと、今はそう思う。

4　できる限り「学級」から遠く離れた場所

子どもたちが自然な声で話す場づくりに腐心し始めると、多くのワークショップの場を想起するまでもなく、これまでの教室隊形の不自然さが自分の中で際立ってくるようになった。現在も多くの教室のデフォルトである一斉授業を支えるスクール形式隊形は、教師の教えやすさのための装置、つまり、子ども同士のコミュニケーションを遮断するための装置だということが見えてきた。それと同時に、では、そもそも教室とは一体何なのだろうかという思いも強く沸き起こってくることになった。

『学級の「歴史学」』（講談社）の中で、柳治男[(1)]は、「学級」というシステムをパッケージツアーやファーストフードのチェーンシステムと比較し、それが効率的に教えるために開発された機能優先の集団であることを明らかにしている。また特に日本においてはその導入にあたって、極めて濃密な生活共同体的性格を帯びてしまったことなどを指摘している。

また、苅谷剛彦[(2)]は『教育と平等―大衆教育社会はいかに生成したか』（中公新書）の中で、日本が中央と地方との経済格差の問題を乗り越えて公教育を全国に行き届かせるために、世界に例のない特異な「学級数」とその定員数を基にする予算算出方法をねん出し、それが「学級」を制度として固定してしまうことにつながっていることを明らかにしている。

「学級」の存在は前提であり、それを維持発展させることが学級担任の教育的使命であるという理解が恣意的なものに過ぎない（可能性がある）ことを考えてきた時、ぼく自身の小中併置校での教師という極私的な経験とも重ね合わせて、ぼくは子どもたちの声が本当の姿をして響いて行くためには、結局、教室（学級）という単位自体を本気で見直す岐路に差し掛かっているのではないかと思えてならない。

それはクラスの人数を減らすといった現在も進行途中の制度内変革とは似ているようで根本の発想が違っている。時に少人数になったり、大人数になったり、個別に学んだり、というように、教室（クラスルーム）が、子どもたちの学びのニーズによって、かなりの程度自由に人数を上下させる、可塑性を持った流動的な学習チームを基本とする形態を、日本の教育も基本にできないだろうかということだ。

注

(1) 柳　治男　教育社会学者。現在熊本大学教授。

(2) 苅谷剛彦　教育社会学者、日本の教育制度の特殊性を喝破する一連の著作によって、日本を代表する教育社会学者と目されている。現在は、オックスフォード大学社会学科および現代日本研究所教授、セント・アントニーズ・カレッジ・フェロー。

対談3

本当に子どもの思っていることなんだろうか

■どうして「協同学習」の形をとるの？

多賀　では、第三章の「どうすれば教室の声を聞けるようになるか」これもさっきちょっと触れてたよ。

石川　でも技術的な話で言えば、え〜と、すごくあたりまえのことなんですけど、小さくすれば良かったってことには気が付いたんですね。だから四十人の教室を持っているときには難しかったものを、あぁ、そうか。協同学習みたいなものをベースにして、教室の中に入れていくことで、四人とか六人とかのベースにすれば、少なくとも四十人のときよりは、はるかにいろんな声が聞けるようになるのか。ということは分かりましたよね。

多賀　それは、そうだね。

石川　もっとも、かつての生活班みたいなものは、そもそも点検班なわけだから、教室の声を聴きとっていくには、使いにくい。でもとにかく、少なくとも小集団にすることで、子どもたちの声がそれまでよりも聞けるようになるということは思いました。四十人学級というのがデフォルトになっているのは苅谷剛彦さんが言うように、公立学校においてそれ自体が予算づけの基準として学校制度の仕組みの根幹に関わるような形で機能している。そうすると僕らの頭の中でも、結局四十人で回すしかない、みたいなことと、あと一方で極端に個別指導するしかない、みたいなことと両極で回りがちになる。そうじゃなくてもう少しゆるやかに数人ベースみたいなことで、制度は制度としてあるけど、学級を回していったら、もうちょっと違うだろうに、みたいなことはあったように思うんですけど、どうでしょうね？

多賀　で、それであれ？　協同学習みたいな形をとるわけ？

石川　もちろんそれもあります。ただ、まあ、協同学習は、僕が暇にできるという……、子どもたちが勝手にやるので。それから暇にできるおかげで、普段あんまり話ができない子と、学習しているときに学習そっちのけで話ができるということと、そっちの方も大きかったですね。

多賀　あ〜。そうなんだ。

石川　優先順位はどっちか、と言われると、暇にできる方が大きかったですね。（笑）

多賀　それ、大事だよね。でも。

石川　大事。さっきの話じゃないけど、大事ですね。

多賀　そういう発想が若い先生にはないの。暇にしちゃいけないと思っているところがあるの。

石川　だって、年間二百何日かの学校の出勤日を全力で全部すきまなくやれるなんて、僕の知っている限りでは、書いてあることが本当だとすると、向山洋一さん(1)だけですよね。(笑) いや。だからそんなにがんばれっこない。

多賀　そうそうそう。

石川　池田修さんがね、かつて「教員って季節労働者だよね」って言ったの。で、「この人すごい頭のいい人だな」って改めて思ったのね。会場にいるからよいしょするわけじゃなくて(笑)。その通りだなって。だからものすごくがんばらないとならないときってあるけど、それって年間の中で、本当はこの時期とこの時期とこの時期みたいな。逆に八巻さんと話したときには、教員が決定的にどうしようもなくなる時期ってのがあって、子どももだけど、それは六月と十一月と二月だよねって話をしてたの。これもまったくその通りだなって思った。だから教員の仕事って、そういうサイクルの中で回ってるんだなって思った。それを全部一律同じようにやれるなんて思ってるからだめなんじゃないかなと。

多賀　確かに思ってるよね。

石川　思ってる。大方の人はなんとなくそう思ってるんじゃないかと思うんですけど、どうですかね？　まあ多賀さんはそんなことこれっぽっちも思っていないでしょうけど。(笑)

■子どもは終わっているのに、先生は一生懸命なんだ

多賀　だけど僕、月曜の朝なんて、まじめにやる気なかったもんね。だって子どもも、そんな休みあけでくるのに。

石川　でも月曜の朝から玄関の前に立って大きな声で「おはようございます」と言う先生もいたりする……。北海道だと冬場ストーブを日中もつけてる。で、暖気運転って言葉がある。今日はいつもよりあったかいんだけど、でも何となく少し回しておこうかと。といっても氷点下二、三度ですからね。授業も学級経営も暖気運転みたいなのがありますよね。

多賀　ある。

石川　月曜の朝って、多賀さんがおっしゃる通り、まさにそんな感じでもある。そっから猛然と始めちゃおうとか思わないんですね、僕も。

多賀　僕は月曜と雨の日。だからカーペンターズ「雨の日と月曜日には」。（笑）絶対そう。雨ふった低学年の月曜日なんて、絶対に授業にならない。だから、それを一生懸命授業するから、よけい子どもをね。僕は月曜日なんて適当にやろうという感覚で学校に行った方が、いいと思う。

石川　夏場、猛暑日の金曜日の六時間目とか（笑）。それ本気でやってる先生いるんですよね。

多賀　もうそんなとき、終わってるもんね。

石川　ですよねえ。

多賀　子どもは終わってるのに、先生は一生懸命やってる。

石川　そうなんですよね。

多賀　一緒に終わったらいい。

石川　僕もそう思うんですよね。だから、しゃ〜ないな〜。今日は俺の昔話でもしようかみたいなのは。でも、どうも見てると、若い先生にはなかなか厳しいみたいですよ。雑談ができないんですね。雑談ってものすごく大切なんですけど。

多賀　だからそれはさっきの話の最後の方に出てきた話だけど、僕は「教師の知恵袋」と言うんだけど、授業をしている中でちょこっとやっぱり、はさんでくることを子どもは覚えてる。僕が卒業生とお話すると、大体、こっちが一生懸命教えたことなんて全然覚えていなくて、そのつまんないちょこっとした話ばっかり覚えてるわけ。

石川　ですよね。

多賀　だから彼らの人生に影響を与えたのは、このちょこっとした部分であって、こっちが一生懸命やったすばらしい授業と本人が思ってることなんて、子どもにとって、何の影響もない。

石川　そうですよね。埼玉大学の八木正一さん(2)が、学生相手に忘れ残りの授業というのをアンケートで取っている。生徒がかろうじて覚えている授業ってことなんだけど、結局覚えているのは、ほとんど先生が一生懸命がんばった授業と違うところだった。（笑）それってすごいよく分かる話だなと思って。そもそも八木さん自身が人生の達人みたいなところもあって……。ぼくは北海道で授業づくりネットワークの冬季集会を、毎年一月の一週目か二週目に百五十人ぐらい集めてやってたんですね。でずっと、後で分かったんですけど、八木さんは毎年この時期に北海道にスキーに来てたらしいんですよ。で、あるときに、講師に来てくれっていったら「あっ、いつもスキーに行ってるからいいよ」って言われたんです。そんな人生の達人然とはふるまえないにせよ、人生を遊ぶ余裕みたいなものは、もうちょっと若い先生の中にないと、やっぱり教室の声は拾っていけないないなと思う。

多賀　余裕がないんですよ。

石川　余裕がない人に話したがらないですよね、子どもは。こんなてんぱってる先生に、なんか自分のどうしようもない恋愛の話なんて、できっこないよね。

多賀　しないね。絶対。

石川　無理ですよね。そういうことは考えますね。

■自己中でいいんじゃないのかな

多賀　そう。だから僕は基本的に、人間は本質的には自己中だと思う。

石川　僕は堀裕嗣に、おまえは本質もなにも自己中だと言われます。（笑）

多賀　だけど、堀さんも自己中だよ。

石川　だよねー。ぼくは喉まででかかったけど言えなかったけど。言ってよ。

多賀　ここはあり。ここ残ってもいい。

石川　でもそうですよね。たとえばその堀くんが、学級を持ったときに、学級準備のために本当に三月四月を全て使えるのは新卒一年目かせいぜい人生二度目の担任ぐらいなんだと言っているんですね、フェイスブックで。それで、僕は彼との対談のときにそれに一時間ぐらいで五十ぐらい「いいね」がつく状況が気持ちが悪いって言ったの。学校の先生は本来、自分らしい学級を作りたくて、自分の理想とするような子どもたちを育てたくてと思ってなるはずなのに、なんでここに一時間で五十もの「いいね」がつくの、と。僕はやっぱり自分の目の前の教室を、学年主任になろうが、なんだろうが一番で優先で、どうしてもそこを作っていきたいと思うわけです。そのベースには、この子たちと一期一会の出会いがあって、ここで本当に楽しい時間を、ほかの子どもたちには申し訳ないけど、ここで本当に一番楽しい時間を一緒に過ごしたいってことがあって……。だから多賀さんの話を聞いていてすごく、溜飲が下がる。もっとも堀くんは、もっと高所大所でものを言ってるんでしょうが、ただ多賀さんは堀くんより、ずっと先輩だし、つめのあかを煎じて飲ませてやってください。（笑）

多賀　でもね、あの西川純さん(3)じゃないけど、『学びあい』を知ったときに、『学びあい』を僕、別に否定しないんだけど、その教師としてのモチベーションがいけるのかなというのがすごくある。

だって先生になりたい人って、多くは、極論するとね、「いい先生」って言われたい。

石川　あっ。多賀さん、それは僕も思います。

多賀　でしょ？

石川　教師のモチベーションの問題は、僕はやっぱりどう考えても大きいと思う。

多賀　大きいと思う。

石川　もう一つ、僕と堀くんを含めた北海道の仲間たちで西川さんの『学びあい』を三年前に、三泊四日で西川さんにご案内いただいて回ったんですね。そのときにやっぱり思ったのは最終的に本当に高いレベルの学び合いみたいなのを実現するためには、決定的な教科理解みたいなのが不可欠じゃないのかなということでしたね。

多賀　絶対、そう思う。

石川　ですよね。教材分析の力とか。たとえば今日の講座(4)で、教育出版の中二の教科書にある福岡伸一さんの説明文教材「アオスジアゲハとトカゲの卵」で授業をしたわけです。その中で、テキストのすきま、切れ目っていう話をしたわけですが、ここにいらっしゃる先生方のおそらく多くの方は申し訳ない言い方になるけど、その切れ目に気が付かない。ですから、あぁそうか、そういう隙間に気が付けば、豊かな授業ができるんだね、と言われればその通りなんだけど、実はそのすき間に気づくためにはものすごい教材分析が必要ね。僕は西川さんの『学びあい』というのは、子どもにゆだねればゆだねるほど、決定的にどのように課題を作っていくかということが重要になっていくと思う。それは岩瀬直樹さんたちが抱えているジレンマにも通じると思っている。

多賀 だから結局ね、教師としてある程度もってないと、あのシステムだけを持ち込んでしまうと、ひどいことになる可能性があるし、教師としての満足度も全然得られないから。やっぱりね、本当にげすな話だけど、「いい先生や」って、子どもに思ってもらいたいってのがあるよ、絶対。

石川 あるあるある。

多賀 それを否定しちゃったら、たぶん先生なんて一人もいなくなる。僕はそう思ってる。だってこんな先生になりたいとか。

石川 「いい友達だった!」だけじゃだめですよね。

多賀 そう。だからそこらへんのところが僕はちょっと、むずかしいなと。だから堀さんが『学びあい』にしても何にしても、ファシリテーションするにしても、基礎基本の教師力、授業力がなかったらいかんと言ってる。僕はそこはまったく賛同。

石川 僕ね、そこについては池田修さんとも話したんだけど、基礎基本なのかというところは、ちょっと精査が必要だと思ってるんですよ。教科の中で基礎基本だと思われているものが本当に基礎基本なのかな? っていうところはちょっとしつこく疑いたいんですよね。

注

(1) 向山洋一 教育技術の法則化運動を一九八〇年代に立ち上げ、教授者の授業運用における教育技術に焦点化した数々の提案によって一時代を築いた実践者。現在は、その後継団体にあたるＴＯＳＳの代表を務める。

(2) 八木正一　現埼玉大学教授。音楽教育のオーソリティの一人であり、一時は「授業づくりネットワーク」の代表でもあった。

(3) 西川　純　都内の定時制高校教諭を経て、現在上越教育大学教授。『学びあい』の提唱者として、近年大きな注目を集めている。

(4) 本書の対談は、セミナー「明日の教室大阪分校」(第十八回)の「第二部「教室の声を聞け」―石川晋・多賀一郎が語り合う会―」を元に編集したものです。

明日の教室大阪分校（第十八回）　主催　明日の教室大阪分校・明日の教室京都本校

【日時】二〇一三年（平成二十五年）七月十三日（土）

第一部　午後一時半より／第二部　午後六時より

【講師】石川晋（北海道上士幌町立上士幌中学校教諭、ＮＰＯ授業づくりネットワーク理事長）

多賀一郎（学校法人追手門学院追手門学院小学校講師、親塾・教師塾主宰）

【会場】兵庫県神戸市　酒心館ホール（豊明蔵）

【定員】第一部　六十人／第二部　二十四人

【内容】第一部

第一講座「対話を生み出す国語の授業づくり」（石川晋）

第二講座「心のオアシスとしての『本の教育』」（多賀一郎）

第三講座「公立学校教員としてしなやかに生きる」（石川晋）

第二部　「教室の声を聞け」—石川晋・多賀一郎が語り合う会—

夕食と懇親会

対談「教室の声を聞け」

第四章

学級経営、授業、生徒指導に、教室の声を活かす

——教育の可能性を、幅を広げて探る——

◆教室には文化があるべきだ◆

多賀一郎

実は、僕が新任以来、途中で何度もくじけかけながらも、ずっと続けてきたのが、文集を通じた「作文教育」です。

「作文教育」というのは、文章表現指導をすることではありません。作文を書くことを通して子どもを育てる教育を指します。ドイツのシュタイナー教育(1)、日本の全人的教育(2)、ソヴィエトの集団主義教育(3)、スウェーデンのスロイド教育(4)等と同列に考えられるものなのです。

特に、文集を使っての教育は、子どもの声を引き出し、つなぎ、広げることのできるものです。

僕は、文集と共に歩んできました。

1　子どもの声を引き出し、つなげる

作文でどれだけ子どもの本音が引き出せるかは、難しいところです。特に、思春期に入ってきた子どもたちにとっては、文章という形で教師や学級の仲間に本音を語ることは、なかなかできない

ことだと思います。

それでも、作文は、子どもの声を聞く一つの方法として、全能ではないけれども、有効なてだてなのです。

子どもの書いたものは、文集として、クラスや保護者に広げていきます。

「あの子、こんな考え方をしているんだ。」

「へーえ。なかなか、いいとこあるじゃないの。」

たとえ一部であっても、そういう思いを持ってもらえたら、その子を否定することが減るものです。

文集は、子ども同士の声をつなげます。子どもたちと保護者をつなげます。そして、何よりも、教師と保護者と子どもとをつなげていくものです。まさしく、教室の声が活かされる場なのだと考えています。

2　教室に音楽があるということ

教室に歌声のあることを、ずうっと大事にしていました。教室には、いつもギターを置いて、ときどき弾いて歌っていました。毎朝、全員で歌っていたときもありました。

最近、大人になった教え子たちと、直接教えてはいない学年の子どもたちと飲食する機会がありました。そのとき、担任していなかった子どもたちが、

「いつも多賀先生や山口先生のクラスは歌を歌っていて楽しそうで、うらやましかった。」

と、言ってくれました。

そうです。歌を歌うことは、楽しいことなのです。心が柔らかくなり、クラスのムードが明るくなることなのです。

また、高学年では、朝からクラシックのCDをかけて、落ち着いたムードを演出したり、雨の昼休みにクィーンをかけて「ウィ・ウィル・ロック・ユー」と叫んでいたこともあります。

前任校での最後の何年かは、「教室にギターを置くな」、「ラジカセも置くな」という学校の方針で、そういうことができなくなっていました。しかし、教室には、声の響き合いがあり、心癒される音楽があり、それで豊かさが生まれてくるのです。

3　演劇教育を通して

私立の小学校に勤めていたので、学習発表会で劇発表の機会がありました。六十人全員にセリフを用意しないといけないこともあって、オリジナルで脚本を書いてきました。

僕の劇づくりのポイントは、二点でした。これは、何年も続けているうちに固まっていったことです。

※　子どもの個々の可能性を引き出す

個々の可能性を引き出すためには、教師の選んだ「演劇の得意な子ども」を配役するのではなく、全ての役は、個々の希望通りで、希望者が重なったらジャンケンでした。こうすると、「やってみたい」という子どもたちの思いは、ある程度かなえることができました。

希望通りにすると、「とてもその役はできそうもないんじゃないかな」という子どもも選ばれます。そうすると、僕は、なんとか役をモノにさせるために、厳しく指導しました。ふだんなら「大きな声が出せなくてもいいんだよ」と伝えている子どもに対しても、自分で選んだ責任があるのだから、大きな声が出せるまで指導しました。そういうとき、子どもはこれまでには見られなかったような力を発揮してくるものなのです。

※　共に劇を作り上げることによって、まとまりの充実感を味わう

劇づくりの最大の目的は、全員で作り上げた充実感を味わう事でした。

自分の出番のないときに、練習も見ないでおしゃべりをしている子どもたちには、いつも「君たちは、自分の出番のときだけが、劇にかかわっているときなのか。友だちの演技を見てアドバイスしたり、自分たちのシーンを別の場所で練習したりしなくていいのかな。」と、問いかけていきました。

いつも、子どもたちのアイデアを活かすようにしてきました。出番の少ない子どもたちには、自

分たちでセリフを考えさせて、劇中劇を創らせました。練習を見ていて、気になったところは、どんどん僕に伝えてきて、僕を納得させられれば採用となりました。いつも

「この劇は、君たちと先生とで一緒に作っていくんだよ。」

ということを意識させていました。

自分たちで作り上げているということが、子どもたちの心を一つにしていきます。

あるとき、本番当日にインフルエンザにかかって、一人の子どもが出られなくなりました。僕は、その場面に出演する子どもたちを朝早くに呼んで、

「E君が出られないんだが、君らでどうするか考えられるか？」

と、たずねました。子どもたちは、

「任せてください。」

と言って、自分たちで組み替えて練習していました。

本番では、誰かが休んでいるとはとても思えないほど、スムースに進行していきました。子どもたちの一人一人の頭の中に、劇全体がインプットされていないと、このようなことはできません。

劇が終わったとき、観客から拍手をもらいます。観客が感動したら、拍手にはそのことが表現されます。その拍手を受けたときの子どもたちは、みんなとても満足した良い表情になります。

その姿が、学級づくりにもつながっていくのだと思っています。

◆多様な可能性のひたすらな模索◆◆

石川　晋

1　初任の学校「再考」

初任の学校で、授業も教室も壊滅的な状態であったということを前章までの中で何度か書いてきた。しかし、今、その初任の学校に、ぼく自身の原点があり、原初的な生徒たちとの関わり方の根があるのではと思うことがある。

ぼくは、学校ではまるで手に負えない状況の中で、初任の年から、放課後部活動が終わった三年生を対象に、放課後の自分の家を開放して、今で言うところの補習を行っていた。ぼくの家は学校と同じ敷地内の教員住宅だった。

リーゼント頭に短い学ラン、太いズボンという出で立ちの彼らに毎回数学（と言うよりは算数）や漢字のプリントを使った学習を、テーブルを囲んで行っていた。それは今で言うところの『学びあい』のようであり、そもそも学校教育の枠組みではもう勝負ができないということを前提としている以上、オルタナティブな教育であるとも言えた。

生徒も地域の人も、いつしか「石川塾」と呼ぶようになったこの補習の場を通して、ぼくは多くの保護者とつながり始めることになった。そしてそこで生徒たちとの日常の学校生活の中では決して聞けないたくさんの「声」を聞くことにもなった。

ある年。明日は公立高等学校の受験の合格発表という日の前日。夕方十七時頃だったか、保護者から電話がかかってきた。「石川、これから迎えに行くから」という一方的な電話だ。ほどなくタクシーに二人の保護者が乗りあって、ぼくを迎え、ぼくは十五キロ離れた隣町紋別市の盛り場へと連れて行かれた。保護者二人と、ぼく、それに保護者が呼んでいたコンパニオンが二名だったか三名だったか……。次々に出てくる料理と酒。二次会、三次会……。明け方の四次会くらいの席上だったろうか。保護者の一人が、演歌歌手グループニックニューサの〝サチコ〟を歌い、少し照れた顔で、「うちの奴の名前でよ」という。そして「先生、明日が合格発表だろ。今日じゃなきゃダメだったんだ。すまんな。石川塾で、うちのぼんず、ほんとに世話になった。そんなことしてくれる先生はいなかったんだ」と。

学校という場所を離れたところで、はじめて保護者生徒の本当の声に出会うことのなんと多かったことだろう。その体験はぼくの原点であり、逆に、学校という場所は一体何なのだろうかという問いを今に至るまでぼくに向かって逆照射しつづけることになっている。

2　アーティストと学ぶ中で聞こえてくる「声」

画家や写真家など、一流のアーティストを教室に呼ぶ授業を、現立命館小学校の糸井登さん(5)が公立小学校にいらした頃の実践に感化される形でやり始めて、もう十年になる。

一昨年担任をしたクラスでは、写真家小寺卓矢さん(6)に中二、中三の二年間で何度も来ていただいた。学校というところは、こうした一級の講師を呼ぶ時にも、例えば総合的な学習の時間の学年配当予算の一部から五千円を払いますといったことで済ませようとする。これは世間の常識とかけ離れている。小寺さんにお越しいただいた際にも、アーティストへの処遇としてはむろん不十分だが、でもなんとしても、それなりのお金をかきあつめて遇しなくてはと思った。

本物が教室に来るということの価値は圧倒的だ。多くのアーティストは人間関係や時間の枠組みなどで活動を妥協し、質を下げるということをしない。例えば小寺さんは、生徒たちが撮影してきた一枚一枚の写真について、撮影した生徒と対話をする。二時間、三時間という時間があっという間にぶっとんでしまうようなサイズで、活動を展開する。だが、対話をしている当人はもちろん、それを聞いている（だけの）生徒も、実に真剣だ。本物が、一人ひとりの生徒を写真家として遇しようとしている、その重みが一人ひとりに伝わっているのである。

例えば一斉授業に臨む日常の中で、ぼく自身がいつの間にか、全体の前で「対話」をすることを知らず知らず躊躇する生徒がいる。十分な「対話」をするにはまだ早いのではないか、話してもまだ実りがないのではないか、恥ずかしがって何もしゃべらないのではないか……だが、小寺さんは、そうした予断を排し、一人ひとりに等価に誠実だ。どこまでもどこまでも本気でその目の前の一枚の写真をはさんで「対話」を繰り返す。小さなアーティストである子どもたちの声に耳を傾け続ける。

一人ひとりの声を聞くということは、予断を排して誠実に向かい合い続けるということなんだ、とプロのアーティストの所作から、ぼくも学ぶ。生徒たちは本気で向き合おうとする真剣な大人に、本気で真剣に向かい合おうとするのだと、改めて思う。

こうしたプロとの出会いの中で、いつしかぼくは、プロを教室に呼ぶ時、必ず生徒たちの前で「大人トーク」と呼ぶ対談をすることになっていった。生徒たちにはわからない難しい中身のことでも構わない。大人が誠実に真剣に生きている様を生徒たちの前にさらしていくことに限りない意味があるのだと信じているのである。

対談の後は、生徒たちからの質問である。生徒たちは実に熱心に質問を繰り広げる。例えばミニホワイトボードなどの可視化ツールを活用した時は、質問をボードに書き、そしてそれを頭上にかかげる。プロがその一つずつを選び、正対して答えていく。そういう時間だ。

こうした時、思いがけない生徒が思いがけない質問をすることもある。

例えばファシリテーターの松田剛史さん(7)が来た時には、諸外国を旅してきたという松田さんの話に、普段はほとんどこうした場面で質問をしない生徒が、ミニホワイトボードに書く。

「一番印象深い国はどこですか？　外国はたくさん旅した方がいいですか？」

これまでその生徒の中でだけ響いていた声が、ホワイトボードと共に、むくむくと起き上がり届けられる。ぼくも、そういう場に立ち会って、その子の声に耳を傾ける機会を得たことに感激する。

3　ライティングワークショップで

ぼくは、ライティングワークショップという手法に国語科の中で取り組んで数年になる。従来の作文が教室の机に向かって押し黙って作文を書き続けるという時間であるのに対して、ライティングワークショップは、生徒同士が話し合い、図書館や資料などを自由に使い、作家ノートに書き記し、作品を発表（出版）していく。

この授業に取り組むようになって、生徒たちが二人、三人で、等身大の声で話し合う姿をたくさん目にするようになった。学校中のスペースを開放して、生徒自身が最も書きやすい場と時間を選択していけるようにする。生徒たちはその中で伝えたい（読んでもらいたい）相手も選びとっていく。自分の声を届けたい、そういう相手が決まっていく。

例えばある日の昼下がり、五時間目。男子生徒が二人、窓辺に向かって座り、作文の書き出しについて、静かに相談している。校舎の表には野球グラウンド、裏にはサッカーグラウンドがあるという恵まれた環境の中で、サッカー少年のAくんは、そのありがたさを何者かに伝えたいと願っている。「サッカーグラウンドのありがたさ」という題名と、まだ今は余白で満ちた原稿用紙。それをはさんでAくんはBくんに感謝の思いを静かに語っていく。そして今度はBくんが自分の作文（勉強の仕方の工夫についてがテーマだ）のことを説明し、Aくんに作文を読んでもらう。互いの作文を見せ合う中で、静かだが圧倒的な声の往来がある。うしろで聞いていたぼくもいつの間にか引き込まれるように聞いてしまう。そういう時間だ。

注

(1) シュタイナー教育　二十世紀はじめのオーストリアの神秘思想家ルドルフ・シュタイナーが提唱した教育思想および実践を日本で紹介する際に名付けられた呼称。独自の思想に基づくカリキュラムを持つ。

(2) 日本の全人的教育　小原國芳によって唱えられた教育理念。大正デモクラシー期の教育改革運動に端緒を持ち、小原自身のちに全人教育を実現するため、玉川学園を創設した。

(3) ソヴィエトの集団主義教育　コルホーズやソフホーズの子どもたちの教育を理論的に支えたマカレンコの理論を柱とする教育手法。日本では全国生活指導研究協議会がこの手法に学び、学級経営に関する積極的な提案を続けた。

(4) スウェーデンのスロイド教育　十九世紀末にオットー・サロモンによって提案された「手工教育」にその祖を持つとされる教育。日本の図画工作科の登場と進展に一定の影響を与えたとも言われている。

(5) 糸井　登　京都市内の公立小学校教師を経て、現在は立命館小学校。総合前期に、一流アーティストを教室に呼ぶ一連の実践提案によって広く注目を集めた。現在は池田修氏とともに「明日の教室」の活動も運営している。

(6) 小寺卓矢　北海道十勝在住のカメラマン。子供との協同活動にも関心が高く、作品発表の場の主軸を子供たちとの活動現場に置いたり、写真絵本を次々と出版したりするなど、特色ある活動を続けている。

(7) 松田剛史　大阪で飲食店経営の後、北海道で公立学校教員となり、道教大付属旭川校の教官を経験後、フリー。現在は同じ北海道の安平町に拠点を置いてファシリテーターとして活動している。

対談4

美しい物にはリズムとメロディがある

■芸術の話をしよう

多賀　四章いこう。音楽の話をしよう。

石川　たとえば、今日の講座には舟木一夫の「修学旅行」っていう歌の歌詞を持ってきました。たまたま昨日授業でやってたんで持ってこようと。週末の中三の国語の授業ではポップスの歌詞を使った授業ユニットを組み入れているんですね。ぼくが暮らす北海道の十勝に大変尊敬している先生がいらっしゃるんです。その先生が、ぼくのポップスの歌詞を使った授業を見た後の飲み会の席で「石川さん結局最後って、音楽だよな」って言ったことがあるんですね。うれしかった。それで僕は「音楽だよね」っていうのは「言葉が本来的に持つリズムや韻律をどう感得するかだよね」ということなんだろうと理解したのね。それが言語を扱うときにとても意識されねばならないポイントなんだ、と。ものすごく重要な部分なんじゃないかと。教室に、どうしても音楽みたいなものを言葉に重ねる形で持ち込みたいと思うわけ。

多賀　僕ね、あんまりそこまで考えてない。音楽は。

石川　さっきから考えてないと言って、はるかに考えてることが続いてるけど。（笑）信じてもいいですか？

多賀　だって本当に考えてない。ただ好きだから。

石川　いや、僕もただ好きなんです。（笑）だって多賀さん。ぼくは大好きな人と話をするときに、たとえば糸井登さんと話をしたりするときに、ぼくの言葉は歌のようになっていると思うことがある。どうしても話をしたいな、と思う人との話って、結局相聞歌みたいだ、というか。

多賀　あぁ。

石川　一番美しいものは、メロディーやリズムを伴わないわけがないって思うんです。

多賀　そりゃそうだと思う。僕ね、子どもらにだいぶむかし、山下達郎の「サムディ」と、ベートーベンの「運命」と二つをかけたわけ。そうしたら、子どもはほぼ百パーセント「運命」しか残らない。僕だったら「サムディ」。なんでやろ？　というのがすごく思って。

石川　（笑）おもしろい話ですね？　どう分析したんですか？

多賀　僕はね、やっぱりね、変な言い方だけど、ず〜〜っと、みんながいいと言ってるものは、やっぱりいいんかなと思って。

石川　それ、どっかに書いてますか？　初めてききました。
多賀　だって音楽の話、あんまりしないもん。
石川　そっか。僕はそのエピソードだけでも、何だかずいぶん分かったような気がするんですけど、フロアーのみなさんは、概ね分かってないんじゃないかと思う……。

■僕らは、日本一です（笑）

多賀　いや、だからね、絵本でもさあ、『こねこのぴっち』（ハンス・フィッシャー著、石井桃子訳、岩波書店）とか。
石川　長いじゃないですか。テキストが。読むんですか？
多賀　読みますよ。
石川　なんであんな長いの読めるんですか？
多賀　だって子どもがちゃんと集中して聞くから。一年生でも集中して聞く。
石川　ぼくは実はそんなに長いものはずっと読んでいないんですよね。で、今回僕、多賀さんがなんでこんな長いテキストのものを、こんな風に読み切って、それでこんなにおもしろいんじゃろかと思いながらずっと聞いてたんですよね。ぼくがお呼びだてしたたんですけど、最初の段階から、格の違う人をお呼びだてしちゃったなあ、と。

多賀　いやそんなこと。

石川　いや、本当に勉強になりました、今日。僕、講座って最初から最後まで座ってることないんですよね。だけど今日はずっといたんですけど。長いテキストを読んでもいいなぁと思いました。長いものって結局、メッセージが強くて、説得的に機能する面がありませんか？　僕はそこを用意周到に避けるみたいなことがずっとあって、あるいは長くても抽象的で詩的なものしか読まない。児童詩に没頭した多賀さんが、まさに逆のことをやっているという感じがして、今日はすごい衝撃でしたね。僕も、もう少し長いもの読もうかなという気持ちに初めてなりました。読み聞かせって僕ね、自分が日本一だと思ってるので（失笑）、今日文字通り、僕日本一じゃないってことが分かりました。多賀さんと僕が日本一だということが分かりました。（笑）僕は今日はあえて、本当のことをいうとちょっとびびって、絵本は持ってこないことにしようと思ったんです。でも読み聞かせすればよかったなあと思いました。きっとお客さんにも二人の資質の違いとかもよく伝わっただろうと……ちょっともったいないことをしました。

第五章
子どもの声が響き合う教室づくり
―僕らが教室で、本で語る意味―

◆結局、本が大好きなんだ◆◆

多賀一郎

教室で本【絵本】を読み聞かせするのはなぜかと聞かれたら、僕は迷わず「楽しいから」と答えます。その楽しさは、自分自身の楽しさと、子どもたちの表情の素晴らしさという楽しさなのです。本を読み聞かせしてもらうと、子どもたちの心が少し解放されます。目がきらきらと輝きます。集中して僕の読む声に聴き入ります。その状態が心地良くて、教室で本を読むというのが、僕のモチベーションなのです。

1　本は言葉の文化

情報社会、映像社会において、今は「速さ」というものが重要になってきています。テレビのCMで「光ファイバーで速度が倍になる」という表現がありました。「ギガの世界」というキャッチコピーもあります。ほんの数年前までは、あまり言われなかったことが、世の中を席巻しているようです。

つまり、大容量で、高速による情報の収集と処理が、大切になっているのです。言い換えれば、たくさんの情報を、より速く、つかんでいきましょうということなのです。

我々は今、そんな社会に生きているのです。

そういう中において、本は、ゆっくりと言葉で立ち止まって考える文化として、かえって重要になってきていると考えます。

本を読むことが「決意だ」と言ったのは、作家の長田弘さんです。人生において本を読むか読まないかは、その人が本という文化に時間を使うか使わないかを決断するということなのです。

本は何かをしながら取り組めない文化です。音楽を聴きながら読むことはできるでしょうが、あくまでBGMですね。本は、そのことだけに時間を使い、止めるのも続けるのも、全て自分の意志で決めるのです。

じっくりと反芻しながら進んでいくという、独特の文化なのです。

本は、じっくり文化。生き急ぐ現代の大人や子どもたちに、ほっと立ち止まることのできる時間を提供できるのが、本であり、絵本の世界なのです。

だから、僕は教室で読み聞かせをするのです。

2　子どもの声を本が語る

本の世界には、子どもたちのあらゆる真実が詰まっています。いじめやDVから、ネグレクトに障碍《しょうがい》などの深刻なテーマが語られることもあります。

教室で読み聞かせをしていると、

「それ、それ。私の言いたいことは、そういうことなの。」

「分かるなあ。僕と同じ気持ちだよ。」

と、子どもたちの表情が語ってきます。

本の世界を通して、自分の思いを見つめ直せるのです。本は、自分の代わりに語ってくれる代弁者となるのです。

3　教室の背景をつくる

毎日、ユーモアのあふれる本や楽しい絵本を読み聞かせしているクラスでは、明るさとユーモア感が漂います。なんとなくうっとうしい空気のときに、アラン・メッツの『はなくそ』という絵本を読んだら、とたんに大笑いで、よどんだ空気が吹っ飛んでしまいました。

子どもたちは切り替えが早いものです。「泣いた子どもが、もう笑った」という言葉がありますが、大人のようにいつまでも一つの気分を持続させないところがあるのです。もちろん、思春期、つまり大人に近づいてきたら、そんな簡単にいかない場合もありますが。

絵本一冊で、教室の空気が明るく楽しいものに変わるのです。この絵本のような力は、かなりバイタリティのある教師でも、なかなか難しいものですね。

後藤竜二の『12歳たちの伝説』を、毎日少しずつ読み聞かせしました。この話は一つの出来事に対して、子どもたちがそれぞれの立場から語っていく形式で書かれています。意地悪をした子どもが家で独白したり、意地悪をされた子どもたちが帰り道で話し合ったり、それを黙って見ていた子どもが自分の部屋で後悔したり……。

クラスの子どもたちは、そのときの自分の姿を、物語の中の誰かに投影して読んでいたようです。読み聞かせ続けているうちに、現実のクラスと物語のクラスがシンクロしていき、本の中の世界での思いが、自分の実生活のように感じていったようでした。

これこそが、本の体験というものであり、僕が教室で本を読み聞かせしてきた理由の一つなのです。

本の読み聞かせは、教室の背景となっていくのです。

4　理想像を示す

本の世界、特に児童文学や絵本の世界では、いわゆる真善美がはっきりと示されています。ときにはデフォルメされて誇張されすぎる部分もありますが、子どもの世界が描かれるからこそ、純粋な表現が多いのだと思っています。

今の世の中、テレビやネットからあふれてくる情報には、人間の醜さや複雑さを表現したものがとても多いように僕は感じています。そんな中で、本の世界には純粋な美しさがたくさんあるのです。

学校というところは、子どもたちに理想像を示さなくてはなりません。世の中がいかに荒《すさ》もうとも、学校だけは、教師だけは、理想を語らなければならないのです。学校が理想を語らず、効率や処世だけを語るようになったら、教育は死にます。

幼いころから、美しいものを「美しい」と感じること、「思いやり」や「誠実さ」などの人間にとって大切な心、正義に基づいた行動、勇気を奮うこと、そういう体験をたくさんしてほしいものです。そのためにも、僕は子どもたちに読み聞かせをすることが必要だと、あらゆる機会を通じて主張してきています。

教室で読み聞かせをするということは、真善美の理想像を、子どもたちにきちんと示すということなのです。

◆本のある「場」に賭ける思い◆

石川　晋

1　本で語るということ

七月、多賀一郎さんの講座をはじめて拝見した。次々と繰り出される絵本。その一つ一つの作品の具象度は高くメッセージは明確、と感じた。多賀さん一流の読みに、思わず涙ぐむ参加者もいる。教室で、きっとたくさんの子どもたちが涙を流すだろう。まさに「本で語る」ということなのだ、と感じる。対談の中で明らかになったことなので詳細はそちらに譲るが、多賀さんは阪神淡路大震災を境に、絵本の選び方も、読み語りの意味合いも決定的に変わったのだという。それは将来の自分もまた、何かの大きな経験によっては、自分の読みの根本を問い直し変えていくのだろうか、というこれまで考えたことのない問いと直面するに十分な、重い話であった。

では、今、ぼくは本で語っているのか……。

そう問われた時に、ぼくは、いいえ、と答えるしかない。

例えば鈴木翁二の『よるのにわ－よるのにわでおきたこときみにはなすよ』（アスカコーポレー

ション、絶版）を夏休み明けに読む。このまさに命の最後を賭して楽しかった夏の思い出を語るセミの子と、それを邪険にしか聴くことができず、息絶えたセミの子を前に、とりかえしのつかぬ感情にさいなまれる少年とのディスコミュニケーションが、詩情豊かで抽象度の高い言葉とファンタジックで印象的な絵とで繰り出される世界に入り込んでいく作品だ。しかし、メッセージの具象度はその分限りなく低い。その具象度の低さこそが、イメージを喚起する力を生むのだという信念めいたものが、読み手であるぼくにはある。事実、生徒の多くは虚を突かれたような表情で作品に読み入っていくが、そこには過ぎていく夏への一人ひとりの内省を促さんとする教師のなみなみならぬしかけがあることは認めるが、教師のこうであればよい（あったならいいな）というようなメッセージはほぼない。本で教師の思いなりメッセージなりを語るということは、今のぼくには極めて禁欲的な手法であり、一番最後まで選ばれない方法であるように思う。

もっとも、一方でそれが学級通信を読み聞かせるという段になれば、かなり自覚的に行っていたりすることでもある。では、学級通信と、絵本や物語本との、ぼくの中での違いは何なのだろう。実は考えてみたが、よくわからない。

2　絵本の読みあい

二十年来、中学生と絵本の読みあいを続けている。年に一、二回の試みであるにもかかわらず、それはぼくの実践群の中核を占める重要なものであると言ってよい。

絵本の読みあいは、村中李衣氏(1)の『絵本を読みあうということ』（ぶどう社）などの一連の著作に刺激を受けて実施してきた実践である。

教室で実際に行う時には、

①絵本を選ぶ
②個人で読みの練習をする
③グループで読みあう
④各自で振り返る
⑤振り返りを全体の中で発表する

というような基本的な流れで展開していく。

選本にあたっての注意点は、たくさん用意するということと、五〜六分で読める短い絵本を、ペアで読みあい、グループで読みあうということである。絵本は、事前に教室に大量に持ち込んで（生徒数の倍が目安である）、そこから生徒が選ぶ。文字がない絵本なども積極的に含めるようにしている。学校図書館や家にある絵本などを一冊事前に選んで学校に持ってくるようにお願いするという方法も有効である。

絵本の読みあいでは、読み手が、開き方や聞き手への視線の配り方などを楽しみながら工夫でき、プレゼンテーション力を高める学習としても効果的である。絵本という「緩衝物」を間にはさむことで、互いの読みを楽しむ雰囲気が生まれ、よく聞きあう中で、友だちの肉声に触れることができる。また、多くの絵本は、循環、反復、起承転結等、物語の基本的な構造パターンを持っているので、読みあいを繰り返し体験することで、物語の基本構造を体得できる。特に小学校高学年や中学生、高校生の年代にバリエーションに富む絵本に触れることで、将来自分の子どもに読み聞かせたり、また自分自身の生活の中で物語を読むという豊かな時間を手に入れたりするという生涯学習的な発想を内包している学習である。

まず、各自で絵本を選び、それから読む練習をする。私の場合は、読みの練習の時間を決めて、練習場所は、校内の様々な場所を活用してよいことにしている。その後教室に戻り、グループになって、読みあう。グループは読みの時間差や授業時間との関わりが出てくるので、人数を固定するために、四名で机をつけてアイランド型座席にしている。

四名で絵本を順番に読み、一冊読むごとに、その絵本についての様々な気づきを話し合うことにする。その後、グループの中でいちばんステキだった読みを一つ選び、全体の場で読み聞かせをするという展開にすることもある。

読みあいの感想は、ノートや感想カードなどに記入する。時間に余裕があれば、数名に発表してもらう。生徒が記入している時に、教師が机の間を回りながら、書いた生徒の感想を次々と読んでいく場合もある。また、集めたものを、名前を伏せて次々と読んでいくこともある。

3　本のある「場」に賭ける思い

こうして絵本の読みあいのことに思いをはせる時、ぼくにとって本を連れ込んでいくということは、今のところ、本で語るためのものではない。カッコよく言えば、本が作りだす磁場のようなものの力を借りて、（ぼくを含む）生徒たちが、自分らしい姿の声を届けあう、そういう可能性に賭けるということなのだと思えてくる。

絵本を読みあう時、子どもたちの声は本当に自然で、一人ひとりの身体とくっついた、言わば等身大の声であると思う。ぼくはそういう本当の姿に触れたくて、本当の姿で立ち続けてほしいという切実な願いをもって、本と共に教室にいようとしてきたのだと思っている。

注

(1)　村中李衣　日本の児童文学作家・絵本作家。梅光学院大学教授。臨床研究に端を発する「絵本の読みあい」の可能性を様々な現場から提案している。

対談5

テキストの長さと質感を追求してみよう

■本の話を、じっくりと……

多賀　本の話。
石川　今日、多賀さんの講座を初めて見せて頂いて、いろいろ思うことがあったんですけど、う～んと、すごくおもしろいなと思ったのは、多賀さんが選ぶ絵本のテキストの量が多い。僕が選んでいる、教室で読んでいる絵本の倍から三倍ぐらいテキストの量がありました。僕はこんだけ読むのしんどいなと思います。
多賀　僕は、割となんともない。
石川　そうなんだ。長くないですか？　だって……。
多賀　あ、でもなんか自分の話のようで、自分がしゃべってるより楽でしょ。

石川　でも、自分がしゃべっているようなものじゃないですか。

多賀　まぁね（笑）。そうだけど。

石川　ですよね。その話にひきつけて言うと、僕はできるだけ用意周到に自分がしゃべっている話にならないように、しないようにしながら読んでいるんです。僕の本とか読んでくださると、それは分かりますよね。そこは決定的に多賀さんと違うなと今日、思ったんですね。ぼくは逆に、極めて抽象度の高い本みたいなのを選んだりしてきたわけですよね。多賀さんの場合は、よくも悪くもあえて言うけど、非常にメッセージ性の高い本を並べて読んでくるって思ったんですね。僕はこういうときに、今日は読まなかったけど、たとえば読むんだったら、長谷川集平さんの『トリゴラス』『トリゴラスの逆襲』（共に文研出版）、だったり。抽象度の高いものを積極的に選んだり、あるいは荒井良二さんの『そのつもり』（講談社）とかを読んで、どんなつもりになったのか分かんないで終わっちゃったりする。（笑）

多賀　それは子どもにはうけるの？

石川　うけます。そりゃ、もちろんうけます。はい。

多賀　大人には分からないけど。

石川　多賀さん好きでしょ？

多賀　大好き。

石川　僕も大好き。僕は大好きでたくさん読みますけど、今度の長谷川さんの新作読みました？

ちょんせいこさんに教えてもらったんですが、『およぐひと』（解放出版社）って言うの。

多賀 あ。それまだ読んでない。

石川 僕ね、その本、ちょんせいこさんから送ってもらったんだけど、教室で読めないんですよ。

多賀 あ、そうなの？

石川 はい。読めないなって思った物語も含めて、何冊かのうちの一冊になりそうです。や〜、読んでみてください。

多賀 『およぐひと』？

石川 読めません。えぇと震災、3・11を扱っていますけど、3・11って、正直に言うと、神戸で言ったら怒られるかもしれないけど、やや食傷気味じゃないですか。だけど、いや……結局、平田オリザさん(1)じゃないんですが、語れないということを、どういう風に語るかという問題なんだと思うんですよ。いや、長谷川集平ってやっぱり、そういうところにちゃんと立てる人なんだって思うんですよね。あの絵本を読んで、文字通り読めば分かりますけど、語れないってことを語ってるんですけど、ま、僕、娘が生まれたってこともあるんでしょうが……読む気満々だったんですけど、とてもじゃないけど、読めなかった。

多賀 長谷川集平さんは僕と同じ年、たぶん。『はせがわくんきらいや』に表されてるのが彼の。

石川 彼は森永砒素ミルクで世間が大変なときに、多分そのミルクも飲んでいて……。

多賀 僕らの母親はみな、砒素ミルクのことがあって、本当に必死になって育て上げた時代だから。

砒素ミルクっていうのはたぶん、半分以上の人はご存じない。
石川　えぇと。四分の三は分からないですね。
多賀　分からない？
石川　（フロアーに向かって）木島さん分かる？（笑）（うなずく）
多賀　佐藤さん、分かる？（「分かりますよ」）
（何名かのベテランに聞き、みなさんうなずくが、若手の中には首をかしげる人も）
石川　森永のミルクに砒素が混入されて、日本のいわゆる食品被害上の最大級の、カネミ油症と並ぶぐらいの最大級のそういう被害が出たんですよ。特にそれは乳幼児が相手だったから。今、中国でおこってることと同じよ。
多賀　そうそうそう。
石川　だから中国を我々は笑うけど、僕はああいうのを見ながら、それを浅薄に笑うのはどうかと思うんですね。我々の国が歩いてきたのと同じ道を歩いてるだけじゃないかって思います。
多賀　それは思います。大規模なだけで。
石川　土作彰さん(2)にも言って聞かせます。（笑）
多賀　北朝鮮の話でも、だって一緒だもんね。日本のやってたこととまったく同じ。
石川　同じです。あれびっくりしますよ。発展途上国がっていう言い方をしたら失礼になるかもしれないけど、発展途上国が通ってきた道なんだということだと思うんですよ。だから教育の話に戻せば、発展途上国サイズの日本の学校教育をちゃんと先進国モデルにしたいなって話ですよ。

多賀　なるほど。

■長いテキストを使う理由

石川　で元の話に戻すと、テキストが多いと思ったんですね。だから、テキストが多いというときに、僕のあさはかな分類でいくと、多賀さんは読みたい人だという分類だと思ったんです。

多賀　そうそうそう。

石川　で、僕、岩瀬直樹さんと懇意にさせて頂いているわけですけど、岩瀬さんは対話型の絵本読み聞かせっていうのをやるわけ。つまり、僕はほとんどやらないけど絵本を開きながら、途中で子どもとちょっとやりとりしたいときとかに「こうだよね？」っていう読み方ってあるじゃないですか？　そういうのをかなり、積極的にやるわけです、対話型を。だけど僕は本読みに関しては、基本的に全部ちゃんと読んじゃうんですね。今日の多賀さんがやってらっしゃる方法と同じなんです。でも、僕は多賀さんより、選ぶ本のテキストは少なくて、中身もできるだけ抽象的なんです。多賀さんはストレートにメッセージを伝える絵本を選んで来るので、著書を読んでそう思ってはいたんだけど、改めて目の当たりにして、「うわあっ」って思ったの。否定的に言っているのではなく。で、講座の感想を先ほど見ると、多賀さんが読むのを見て、涙をこらえている人がいるんですよ。まちがいなく、教室の中であのように読まれることで、泣いちゃう子どもがいるんだろうなと思うんだけど、それは学級づくりとして大きなポイントだと思うんですよね。
多賀　そこは、意識してやっている。
石川　あっ、意識してるの？　関西人って、すごいなあ。（笑）

■どうして読む本が変わってきたの？

石川　テキストの長さの問題で、さっきたぶん、意図的にやっているって話だったと思うんですが、もう少し詳しくお願いします。
多賀　だから学級でということに関して？
石川　最初に子どもが変わってないという話もありましたよね。本当は多賀さんも変わってると思ってるんじゃないかと思ってるんです。そこも含めて、たとえば読んできた絵本は変わっていませんか？　ええと、テキストの長さも、中身も変わってきていないですか？
多賀　確かにね、だからテキストは変わってる。
石川　変わってますよね。どうしてですか？　考えたことありますか？
多賀　ない。
石川　ないんですか……それじゃあ今日僕と対談した意味がありますね。（笑）どういう風に変わったんですか？
多賀　どういう風に変わったか？
石川　選ぶ本のテキストは短かったんですよね、以前は？　多賀さんはきっと僕が考えているようなところをすでに通ってきたのかな、と思ったんですね。つまり、できるだけメッセージが直接的にならないもの、必然的に短いものを選んでいた時期があったのでは、と。
多賀　あぁ。通りました。
石川　やっぱりそうですよね。もう少し詳しく教えてくださいよ。
多賀　徹底してそうだったことがある。
石川　そうですよね。
多賀　今は違う。
石川　教えてください。
多賀　いやいや、教えるとかじゃないんだけど、なんかそれじゃ伝わらないなって。だからたぶん僕ね、十四、五年前、震災の後ちょっとまでは、晋さんのような読み方してた。こんな言い方したら失礼だけど、聞いてても聞いてなくてもいいよ、みたいな読み方じゃない？　でしょう？　だけど、今はちょっと聞かせたい、ある意味色気が出てる。
石川　色気じゃないですよね？　えぇと色気じゃなくて信念ですよ。
多賀　信念。

石川　西川純さんに負けないぐらいの信念ですよね。

多賀　いやいや。それは負けると思うけど。

石川　でもやっぱり通ってきたんですね。今の話って感覚的には分かるけど、やっぱりもう少し丁寧に説明して頂かないといけない。震災のことも。

多賀　震災は、ともかく僕にはすごく大きなことで、よく「明日があると思うな」とか、概念的にはみんな思ってるわけ。だけど本当にそんなことが起こるって、みんな思ってないわけ。本音では。だけど僕は本当にそれが起こるっていう実感を持った。つまり、次の日になったらもう子どもたちと会えない。そして自分がいた街がなくなってる。あのね、人が死ぬのももちろん大事なことなんだけど、自分が育ってきた街がなくなる喪失感ってね、また違うんですよ。僕は、四日目かな、やっと新神戸まで電車が通じて、僕は六甲山の裏側なんで、新神戸まできて甲南小学校までずっと歩いたんですよ。もうね、ずっと泣きながら歩いたの。だって違うんだから。自分が育ってきた街と。それはものすごい喪失感なんで、本当になんか、ぽかっと穴あいたような感じになって。だからあれ以来、ともかく、今伝えたいことは、今絶対伝える。間をおかない。それから、たとえば人と会おうと思ったら会う。だから動きが軽くなったのも事実。あの後、かなり。それまでは、結局ね、人間てね、なんだかんだ言いながらね、ある程度の年いくまでは、自分はずっと生きてると思ってる。周りの人もずっとそれなりに生活が続いていくと本当は思ってるんだけど、でもたぶん、東北の人たちは経験してらっしゃるけど、本当になくなることがあるっていうことは、これは実感としては衝撃的なことで、あれ以来、僕はいろんなことが変わった。

■色気じゃなくて、信念

多賀　たとえば、さっき児童詩の話があったでしょ？　僕それまで数年間、ずっと児童詩教育やってたんです。

石川　今宮信吾さん(3)と一緒ですか？

多賀　だって岡本博文先生(4)って、二人の師匠。僕と今宮さんと一緒に、岡本先生のところにいって話をしてたから。

石川　今宮さんと決定的に道が変わったんですか？

多賀　変わった。

石川　やっぱり変わったんだ……。

多賀　でね、詩という表現の仕方が、やっぱり一つはあって。いくら児童詩やってても、震災の後、子どもたちは詩なんて書かなかった。だから本当に自分の思いを書きたくなったときは、詩は書かない。詩って技巧的で、やっぱりその、本当はこんだけ言いたいことをこういう風に表現するっていう、そういうそぎ落としみたいなものがあるでしょ？　詩を書くときには。

石川　さっきの話につながりますね。

多賀　これを言いたいというときは文章で書いてくるから。

石川　さっき、僕がその抽象度の高い絵本を読むって話とつながってますね。

多賀　うん。

石川　う～ん。ちょっとしゃべれなくなりそうだな……。

多賀　どうして？　だから阪神大震災っていうのは、僕にはとても大きかったかな。目の前にいた子どもが死んでるから。それから実際に自分の回り、自分の親戚、そして子どもたちの家族が本当に亡くなってる話を目の当りにしているから。で、もっというと作文教育をやってると、本当はみんなに言えないことが山ほどあるわけ、でしょ？　さっきのことみたいな。

石川　ですね。

多賀　そのことの本当にしんどいことも、うけとめなきゃならなかったし。だからここはあんまり話せないことがあって。だって避難所一つとっても、そんなきれいごとじゃないから。本当にいろんな犯罪みたいなことがいっぱいあって、だってある小学校では、暖をとるために図書室の本を全部焼いたんです。先生たちは何も言えなかった。寒いからって。でもね、僕の感覚から言うと、本を焼くっていうのは、もうだめなんですよ。本当はね。文明破壊してるような。

石川　だからいつも、危急存亡の状況のときに我々が延々と作ってきた文化みたいなものが、最初から削られていくみたいな。文楽から削る橋下大阪市長さんみたいな感じですかね。あ～そっか。そこへつながっていくのか。それで、すごい純粋に言語技術的な話になるんですけど、そうするとやっぱりテキストは多くないとだめだったんですね。

多賀　そうそう。そうね。

石川　ここ重要なポイントですからね。絵本って僕は本来的に、絵と文字とのコラボレーションだと思う。ちょっと踏み込んで言うと、今日は僕、多賀さんの絵本の読み方を聞きながら、意識して一生懸命、絵を見ましたが、ほとんど絵が意識されなかったんですよ。何冊かは僕もよく知っている絵本。でも、ええと、極めて絵にインパクトが薄いという印象を受けた。きっと、多賀さんの読みに惹きつけられて絵に目がいかなかったという。

多賀　そんなことないよ。僕は読みに全然自信がない。

石川　うまいとか下手とか言ってるんじゃないんです。上手っていうんじゃなくて、切実に伝わってくるってことです。絵はほとんど気にならなくって。どう言ったらいいかな。もうちょっと踏み込んで言ったほうがいいかな?

多賀　どうぞ。

石川　う〜ん。絵も見たいと思いました。

多賀　あっ。そう。(笑)

石川　つまり、僕の抽象度の高い読み方って、僕も実はテキスト重視の人間で同じだと思う。僕、読むのうまいし、テキスト重視の人間なんだけど、だから逆になんかこう、どうしても絵を一生懸命見せようみたいなところがあるんですよ。多賀さんにはなんか、よくも悪くもですけど、絵を見せようという思いは全然感じなかったです。

多賀　全然ないもん。（笑）

石川　ですよね。

多賀　その通り。

石川　ただし絵はあったほうがいいよね？

多賀　あったほうがいい。（笑）

石川　絵がないと、のれない子もいるもんね。ここまで来てくれない。

多賀　そうそうそう。

石川　あ〜、じゃあ、僕が思った通りですね。

多賀　いいです。その通り。

石川　ここまでしゃべって本音を少しばらして頂けたかな。僕はよく分かりました。やっぱりそうですか。なるほど、僕もそういう風になるんでしょうかね。六十歳まであと十三年あるんですが。

多賀　分からん。それは。その間、何がおこるか分からないから。

石川　僕やっぱり、ずっと自分の通り道を考えるわけですよ。今日も、先程も植西浩一さん(5)と初めてお会いして、大学の道を選んだ植西さんとお話をして、いろんなことをいろいろ思ったんです。結局六十歳まで、どうしても教員として、今いるような学校を回っていこうというときに、僕にとっては限りなく困難な、多賀さんも困難だったじゃないですか？　それは困難な道のりで、そのときに自分でどんな風に変わっていくんだろうって、イメージが持てないんですね。僕、野中信行さんがものすごく好きで、結局六十歳まで走った野中さんが、自分がどうやって歩いていったかということを僕にとつとつと二人で飲みながら、何度か話してくださったんですね、今まで。僕六十歳の彼の教室も、朝から晩まで見てるし、そういうことをちゃんと見せてくれた人って誰もいないわけですよ、校長や教頭へのなり方はあるんですけど、だから多賀さんっていう、本当に苦しんで心ならずも出なきゃならないみたいなことがあった人が、通ってきた道みたいなのって、僕も通るのかなと思って。

多賀　いや、それは分かんないよ。本当に。やっぱり道は高村光太郎じゃないけど、後にしかない。

石川　ここに高村光太郎が出てくるんだもんね。かなわんね。すごいね。（笑）

■どんな物語を教室で読むのか

石川　物語は読まなかったんですか？

多賀　読んでます。

石川　あっ。読んでる？

多賀　っていうか、ストーリーテリングよくしてる。

石川　僕の中ではストーリーテリングと物語を読むのは違うんですよ。そこも実は聞いてみたくて。

えぇと。ストーリーテリングだと、覚えて読むわけですよね？　簡単に言うと。

多賀　だから、物語読むときは、書き手の、語り手の読み方になるでしょ？　ストーリーテリングは完全に自分の読み方にしかならない。僕がしゃべってる。

石川　やっぱり「僕」がしゃべってるんだ。

多賀　そう。で、僕はすごくわがままな人間だから、僕がしゃべりたいわけ。

石川　そこの負荷はいらないんですか？　だってたががはずれちゃうじゃないですか。多賀先生。

多賀　ははは。（笑）

石川　これは関西ではうけないみたい。（笑）そこはまじめに、僕は自分中心でやってるところがあるけど、「じぶ～ん！」って言っちゃいすぎません？

多賀　言っちゃう。

石川　言っちゃってもいいの？

多賀　いや、もっと言うとね、なんで先生をしてんねんと言うと、自分が楽しいから。もうはっきり言ってそれだから。そんな世界の平和とか、子どもたちがすべてみんな幸せとかいうのはもちろんあるけどー。

石川　もうちょっと言うと、多賀さんが本当に平和で多賀さんが本当に幸せだったら、子どもたちは平和だし幸せなんですよ、そうですよね？

■「読む」とは何か

（フロアーの池田修さんから）――読むとは何か。語るとは何かを聞きたい――

多賀　読むっていうのは読解ってこと？

池田　本を読むとは何か、絵本に対して、読むとは何かを聞きたい。

石川　たくさんの物語をあびるように読むことしか、自分の人生の物語を編めないということが、ぼくの中にはあって……無論、いくつかの物語に触れただけで、あぁ自分の物語ってこういう物語なんだって編みはじめてる人もいる。一方なが～いこと物語をあびていく中で、そういう時間を通ることで、初めてあふれるようにして自分の物語がイメージできるようになる人もいるんです。分かりますよね？　それで、基本的にはぼくの中では変わりがないんです。ただ、さっき多賀さんと話をしながら思ったのは、僕はやっぱり本の質感みたいなものが好きなんだなと思いました。人生っていうのは重さが必要なんです。タブレットで読んでも人生の重さは伝わらないんです。

■教室に本を置いていても子どもは読まない

石川　僕は村上春樹以来、フィクションをほとんど読んできてません。積極的に読んできたのは、江國香織さんと、島本理生さんくらいです。ほとんど読まないんです。今日は会場に、『授業づくりネットワーク』の№10（「授業ファシリテーション10のワザで子どもの学びが変わる！」、学事出版）だけ持ってきたんです。それは、どうしてかっていうと、中に僕が今本明さん(6)にインタビューしたものが収められているからなんですね。十ページにわたって掲載になっている。今本さんっていう人は、日本の児童文学の歴史みたいなところにピッタリくっついてる先生なんですね。でね、いわゆる集団読書を徹底的にやった人なの。元来「全生研(7)」の集団読書というのは、こんな薄い冊子があって、「杜子春《とししゅん》」みたいなものをみんなにくばって読んで読書会をするみたいな。ところが今本さんは、読んでる本が分厚い普通の本なの。だから僕、これ「全生研」でこういうの出てるんですか？　と。そしたら、今本さんが「そうじゃない。それは俺が教室の子どもたち全員のために全員分買ったんだ」と。実は僕、同じことをしてるの。買ったの。で、教室にいれてる。で。どうするんですか？　と。すると、俺が読む、と。「ちょっと先生、二百ページもある本を、読むって大変ですよね？」と言ったら、すごい勢いで死に物狂いで読む。三日ぐらいかけてものすごい勢いで死に物狂いで読む。読んだ後で読書会をやるんだって。そのときに僕はさっきの多賀さんの話につながる信念を感じたのと、もう一つは要するに、そこまで本の質感にこだわるってことなんだ、と思ったのね。彼はぼくの前任校でもある広尾町立広尾中学校を経験していて、集団読書はその地で取り組んだ実践なんですね。「広尾、分かるでしょ、広尾の子どもは本なんか読まない。だけど一生に一度でいいから、全員で本気で一冊の本を読んでみたという経験を持たせたいと思った」、と言ったの。ストライクで共感できる。ストーリーテリング、松岡享子さん(8)などの仕事に、共鳴しながらどうしても多賀さんのようなことを、あまりしてこなかったのも、僕には本のページを一枚ずつめくって読んでいくってことが、何というかきわめて重要だったんですね。いかがですか?

多賀　本を教室で分厚いのを読んでるときはあるし、一年に三冊とか。

石川　あ。やっぱりそうなんだ。それは多賀さんにとってどんな本なんですか? 大切な本ですか?

多賀　うん。大切。

石川　どんな本を多賀さんは教室で読んだんですか? 三冊くらい教えてください。

多賀　水上勉の『ブンナよ木からおりてこい』(新潮文庫)、『ひまわりのかっちゃん』(西川つかさ、講談社)、『冒険者たち』(斎藤惇夫、岩波書店)。

石川　『冒険者たち』は読むの大変じゃないですか? それでも読んだの? すばらしいですよね。日本の児童文学の最高峰の、一つ。

多賀　そう。本当にそう。だけども、今の先生たちはまったく読まないし、知らない。

石川　僕は教室に置いてるけど、読まないですね。子どもは。

多賀　子どもにあれをいきなり持ってきても読めない。

石川　今本さんが、読んでほしい本は紹介するって言ったんです。で、ちょっと前に岩瀬直樹さんもそういう話をしていました。今本さんは僕は十数年教員をやるまで気が付かなかったって言ってました。十数年たって初めて、本は教室に置いておくだけではだめなんだと、それはどうですか？

多賀　まったくその通り。

石川　多賀さんいつ気が付いた？

多賀　いつだろう。僕はね、そういう意味では、京都女子大附属小学校にいた大石先生っていう先生が本の啓蒙してくれて。絵本もたくさん直接頂いたり。読みきかせして頂いたり。もう今でもかなりの年になっても、京都中の幼稚園を回っていらっしゃるんですけど。その先生が、やっぱり本は読まないとだめ。先生が読まないとだめって教えてくれたから。

石川　熊倉峰広さん(9)の実践に「味見読書」っていうのがあって、教室に大量の本を持ち込んで、最初の数ページだけ読ませるの。僕はこの実践をなんとなくばかにしてたんですね、全く失礼だった。教室に実際に持ち込んで、取り組んでみたら、最初の数ページを読んだほうが読むんですよね。すごい実践なんですよね。

多賀　僕はずっとそうしてた。

石川　やっぱりそうでしたか。熊倉さん、あれだけで一冊本を書いてたんで、多賀さん本当は一冊、本を書けますよ。

多賀　だから「本の本」。本の教育の本は、初めに僕の頭にはなかったの。ところが晋さんが、読み聞かせの本を書いたじゃない。(10)読んだときに、どうしよう、僕も書きたいなと。すっごい刺激うけて。(11)

石川　あの、二人の違いのポイントで、一番大きいのは。やっぱり本を通して、積極的に語りかけるという、その多賀さんのやり方みたいなことですかね。そこの違和感あったんですか？

多賀　あ〜僕は小学校と中学校の違い。それは大きかったかな。だって小学校は、さっきも言ったけど、一年から六年までいるから。

石川　でも六年と中一は変わらないですよ。

多賀　そそそそそ。でも、一、二年生は、晋さんの著書を読んでも、小学校の低学年には合わせられないっていうか。でも、若い先生たちは、晋さんの本を読んで、一、二年生にも通用するように思う。

石川　馬鹿ですよ。後ろの略歴読めば分かるのに、馬鹿ですよ。

多賀　だけどね、それは堀裕嗣さんの本読んでる人もそう。

石川　堀くんって一度会ったら、彼のようには絶対できないって分かりますよね。

多賀　だから、小学校の先生で堀さん、晋さんの本読む人で、勘違いしちゃうの。

石川　あの、使えないって言ってるわけじゃなく、多賀さんがおっしゃるようにピンポイントで使おうという使い方は決定的に間違ってますよね。だって僕は授業づくりネットワークというところで、大学の四年生から学習してきたわけですね。授業づくりネットワークってほとんど小学校の先生なんですよ。僕と堀くんと池田さんとかみたいな人は例外でほとんど。集会に集まってくる人たちって八割から九割ぐらいが小学校の先生なんです。だけど、僕も池田さんも堀さんもそれをものすごく喜んで、おもしろがってそこにいれるわけ。何故かというと、多賀さんが言ったことにつきるのよ。要するに僕らは、それを自分の教室にそのまま持ってきて使おうなんてことを、これっぽちも思ってないわけですよ。おもしろいな、おもしろいな、せっかくおもしろいのに、とても使えそうにないから、一カ月か二カ月ぐらいうんうんうなって、なんとか自分ナイズして教室に持ち込めるようにしてみようみたいなことをたくさん考えてたりとかね。ありますよね。そういうことなんです。ところが今、そういうことが全然ないようで……。そのまま使えるものがほしい、それを使いきったら次がほしい……。そういう消費文化が教室にも押し寄せている、そう思います。それは緩やかにぼくらの国の教育自体の首を絞めていると思うんですよね。

注

(1)　平田オリザ　劇団青年団の活動によって、日本の演劇シーンを代表する脚本家、演出家の一人として認知される。音楽を使わず、淡々とした会話とやりとりで進行していく「静かな演劇」で知られ、近年は「対話」「コミュニケーション」に関する積極的な発言で学校教育の世界でも大きな注目を集めている。

(2)　土作　彰　奈良県の現役小学校教師。ミニネタ開発を主軸とするところから始まった一連の学級づくり、授業づくりへの提言によって注目される実践者である。

(3)　今宮信吾　兵庫県の西宮市の教諭を経て現在は関西大学初等部。その独自のメソッド開発に中心的にかかわる。これまで児童詩実践をベースとする様々な提案を行ってきた。

(4) 岡本博文　京都を拠点に日本作文の会の児童詩を実践面・理論面から中核的に支えた人物。二〇〇五年に逝去。今宮氏は「特に子どもの悲しみや生活の苦しみを受け止めるという点において、彼を超える実践家はいないと思います」としている。(★学びのしかけプロジェクトメールマガジン103号　今宮信吾さん、松崎正治さん「児童詩にあこがれ、子どもと共に育つ先生への道―1　灰谷健次郎との出会い」http://suponjinokokoro.blog112.fc2.com/blog-entry-813.html)

(5) 植西浩一　奈良教育大学附属中学校の国語科教師として、様々な活動型の授業を提案した。現在は広島女学院大学准教授。

(6) 今本　明　元中学校教師。北海道十勝地方で教師生活を送り、学校図書館づくりに視座を置いた特色ある教育活動で注目を集め続けてきた。故後藤竜二の児童文学の名作『14歳　Fight』のモデルの一人とされる。

(7) 全国生活指導研究協議会　一九五九年設立。日本にはじめて科学的学級づくりの考え方を提案した研究団体。すぐれた実践者・研究者を多数輩出してきた。その理論的背景として、アントン・マカレンコの集団主義教育の影響を受け、「集団づくり」教育を推進したことでも知られる。現在は協議会の中にも様々な系統があり、その主義主張をまとめることは難しい。

(8) 松岡享子　日本の翻訳家、児童文学研究者。マイケル・ボンドの「くまのパディントンシリーズ」をはじめとする様々な翻訳作品で知られる。東京子ども図書館を主宰。日本の読み聞かせ、ストーリーテリングの第一人者である。

⑼　熊倉峰広『「味見読書」で本離れが無くなる！』（明治図書）で、作品の冒頭を次々と読み自分の読書選択の幅を広げていく味見読書を提唱し、注目を集めた教師。味見読書は、近年の作品冒頭だけで構成されたアンソロジー集の発売などの先駆的提案と捉えることもできる。

⑽　石川晋著『学び合うクラスをつくる！「教室読み聞かせ」読書活動アイデア38』明治図書出版、二〇一三年三月刊。

⑾　多賀一郎著『一冊の本が学級を変える―クラス全員が成長する「本の教育」の進め方―』として、黎明書房より二〇一三年十月に刊行。

第六章
教室の声を聞き、理想の教室をつくる
―理想の教室への歩き方―

◆言葉の教育へ◆◆

多賀一郎

石川晋さんとの対談から見えてきたものを、僕なりにまとめたいと思います。ただの感想を書いただけでは、本として世に出す意味はありません。やはり、対談の向こう側に見えてきた僕の理想の教室というものを改めて考えてみたいと思うのです。

1　物語を紡ぐということ

対談で強く心に残ったのは、「物語」というキーワードでした。二人とも、教室で子どもたちに物語を語るという点は共通していますが、僕らの言う物語というのは、本の世界だけのことではありません。

人間は、一人一人が「物語」を紡いで生きているというのが、根底にある考え方です。

教室で目立たない、教師の手をわずらわせない、いわゆる「平凡」だと言われる子どもにも、その子を大切に思うご両親がいます。小さい頃に何かの事件のためにトラウマをかかえたかも知れないし、黙って人を観察しながら、心の中で「今に見ていろ」と思っているかも知れません。心の中には、その子だけの平凡ではない世界が必ず存在するのです。

教室に三十人の子どもが座っていたら、三十通りの人生がそれぞれにあって、そこにはその子だけの物語があるということなのです。

教師として、子どもの個々の物語を読み解いて、それぞれの紡ぎ方に合った寄り添い方、声のかけ方というものがあると考えています。

子どもの物語を読み解かずして、その子の育ちに関わることはできないということです。

では、どうしたら子ども一人一人の物語を読み解いていくことができるのでしょうか。カルテやポートフォリオのような記録も大切ですが、それ以前に、どのような視点で子どもたちを見ていくのかということがポイントになるでしょう。

それは、全国の全ての学校の子どもたちに当てはまるようなものではありません。それぞれの地域、各学校の実態に即した観点がつくられなければならないし、その観点づくりの過程が、学校のさまざまな課題も浮き彫りにしていくのです。

僕の考えている観点づくりというのは、そのようなものです。

2 「選択肢」は、用意されているか

晋さんは、

「多賀さんのような子どもは、教室でそうっとしておいてほしかったんでしょう。そういう子どもは、どうしたらいいんでしょうか。」

と言ったが、それはもちろん「自分たち（僕と晋さん）のような、教師に簡単に従わない子ども」という意味でしょうね。

僕は、確かに、先生に迷惑をかける「落ち着かない」子どもでした。人と同じであることに、抵抗感の強い子どもでした。よく先生に叩かれたし、何度も叱責されてきました。一生忘れない体罰も受けてきました。

これまでは、そうした体罰や厳しい叱責によって押さえつけられてきた子どもたち（実際、僕もそういう場面に遭遇したし、僕自身も体罰はともかくとして厳しく接してきたことがあります。）は、沈黙するしかありませんでした。でも、これからは、体罰や叱責で子どもたちをコントロールすることはできません。

それは、授業における方法の選択制の導入かなと、思っています。方法の選択制というのは、子どもたち自身が、自分に合った学習の仕方を自分で選ぶことができる授業のことです。個人が本当に学校で生き生きと学習するためには、必要なことではないかと思います。

授業の選択制ということを実行していこうと思ったら、これまでの小学校の担任のような学級王国の発想では、とても無理なことです。いくつか複線化された授業を教師グループが受け持ち、子どもたちが自分で判断して分かれていくような授業が理想です。

同じ時間に、ある教室では協同学習のような形で学び合いが行われ、こちらの教室では一斉授業形式で進められ、その隣では黙々とひとり学習を進めている、というようなものです。それは、旧来の学校のイメージを大きく崩してしまうものかも知れませんが、僕は、そこにこれからの学校の理想の姿を見るのです。

3 「まじめ」の崩壊

学級において「まじめ」であることが崩れてきている中で、その現場に入ってくる若い教師たちは、まじめなタイプが多くなりました。GTOやごくせんのような破天荒な教師などは、漫画やドラマの世界だけの存在です。今の先生たちは、概して「まじめ」な方が多いと思います。

その一方で、子どもたちの間では、まじめであることそのものが否定的にとらえられていることがあります。まじめすぎるからといじめに合ったり、まじめな行為そのものをバカにするような風潮もあったりします。「まじめ」な教師の前にいる「まじめ」でない子どもたち。この状態が、学級の問題を難しくしている面があります。

「まじめ」という価値観を、教師と子どもたちが共有できないのです。

子どもたちの思いは、どこにあるのかを読み解いていかなければ、どのような教育の形があるのかは、見えてこないでしょう。

晋さんの言う「ルサンチマン」という言葉は、ニーチェの言葉だったと思うけれど、子どもの思いを読み解いていくキーワードになるだろうと考えています。

4 言葉の細やかさが繊細な心を育てる

僕はずっと、言葉の細やかさが大切だという教育をしてきました。言葉の使い方の乱暴な子どもたちは、心もすさんでいくような気がするのです。

ここ数年、「ぶっころす」という言葉を、女の子たちが平気で使うのを、たくさん見てきました。軽い気持ちで使ってもいけない言葉というものが、理解できないのです。

そして、言葉にはぬくもりというものがあるのに、それを感じ取れない子どもたちが増えています。

「うざい」などという言葉で、「つまらない」「かっこうわるい」「ぶさいく」「腹が立つ」「気分悪い」というさまざまな感情を全て言い表してしまうような言語感覚では、細やかな心遣いは生まれません。繊細な言葉を考えたり、感じたり、使ったりできるような子どもを育てていかなければならないのです。

そのためには、僕は国語教育というものを言語教育という範疇だけのものとするのではなく、心の教育に関連させていくことが必要だと考えています。

◆教室の本質はハプニング◆◆

石川　晋

1 「理想の教室」考

多賀さんとお話しながら、「理想の教室」ってどんなものか、ますますわからなくなった。

これまでもたくさんの教師が、「理想の教室」を目指したのだと思う。

その過程で、いろんな教室経営の方法が提案され、工夫を重ねてこられたのだと思う。

ぼくは、そうしたことを考えていくことのベースには、学び手の声に寄りそう、学びやすさを追究するということがあったらよいなと思う。学び手の声を聞くということは、本来当たり前に優先されなければならないことであるはずだ。

しかし、では、具体的な理想の教室のイメージが、ぼくの中にあるかというと、これは、ない。

ぼくはこれまでたくさんの教室を拝見してきた。ぼくの場合は、終日参観し、授業者と対話を重ね、ということも繰り返し行ってきた。ぼくが見た教室は、どこも本当にステキだった。しかし、その中に自分の理想の教室があるかというと、答えはノーになる。見せていただいた教室が足りないというのではない。要するに、私が生徒とともに目指す教室は、私と生徒たちとで目指して行くしかないという、当たり前のことに行きつくのだ。

2 教室は雑木林

河原井純子(1)は「教室は雑木林である」とした。この「雑木林」という言葉の選択は見事だと思う。

そう言えば、雪解けの季節の雑木林ほど美しいものはない。

ぼくはバブル期の最後に、旭川市郊外の突哨山（とっしょうざん）でのゴルフ場開発計画を止めるための活動に関わったことがある。そうした自然保護運動のようなものに、強く心を突き動かされて関わったのは、突哨山にある、北海道最大、全国有数と言われるカタクリの大群落を見たからだ。それは四月末のゴールデンウィークが始まる少し前の頃から、ほんの数日だけ全山を彩るピンクの壮麗な花畑だ。雑木林だからこそ生まれる美しい奇跡なのだ。

それは、春にスタートする私たちの国の教室が、一様に美しい出会いから始まることを想起させるに十分だ。教室は雑木林だ。

だが、春の花々が次々と咲き誇った後の雑木林は、一転して夏に向けてうっそうとした茂みの中に沈む。ぼくは実はこの季節にこそ、雑木林の本質が、雑木林の最も美しい諸相が隠されていると思っている。河原井が言う「教室は雑木林だ」の本質も、ここにこそあるのだ、とそう思える。

3　班・核・討議づくりの教室の中で感じたこと

ぼくは厳しいいじめを受けた小四を終えた後、小五と小六を持ちあがりで担任してくださった先生と幸せな時間を得た。しかし、それは途中から崩れた。

先生は、全生研の考え方を教室づくりに生かそうと奮闘する、今思えば若く意欲的な人だったのだと思う。ぼくは、小五でそれまでとは一転して統制のとれた教室の中で、リーダー（班長）として頭角を現し、猛烈に班活動を進める班・核・討議づくりの旗手となった。そして、小六の半ば頃に、一転してボロ班ばかりを作るダメ班長として糾弾の的となっていった。旭川市のベッドタウンとして、どんどん生徒が増える地域の中で、ぼくらのような後から地域に入ってきたものと、もともとの旧市街地の住人たちとの間には、微妙な意識の違いがあった。今にして思えば、旧市街地には長くそのコミュニティに住むアイヌ系の住民もおり、はっきりと差別の対象となっていた。ぼくはいつも班長として、引き取り手が付かないYくんを引き取り、身の回りのこともできず、首の周りにどす黒い垢をつけて学校に通ってくる彼に、風呂に入って来るように厳命していた。Yくんは、ぼくの何度かの注意と指導の中で、たしかに風呂に入り、少しはましな服に着替えて登校してくることもあった。それを、教室の仲間達は、ぼくの指導の賜物であり、成果であると認め、ぼくをスーパー班長と認め、尊敬のまなざしで見ていた。

だから、小六のある日から突如、掃除も給食も適当にやりはじめ、Yくんへの指導もおざなりにしはじめたぼくを、許さなかった。ぼくは他の班の班ノートに、「石川くんは前はあんなに立派だったのに、今はひどいボロ班ばかり作る様になりました。みんなで話し合って、意識を変えてもらわなければならないと思います」と書かれた。週一回の班長会議では、ぼくの所業は厳しく糾弾され、弾劾された……。

当時自分でもよくわからなかった、自分の心境の変化の意味を、ぼくは先の雑木林の話に引きつけつつ、今なら説明ができる気がする。

ぼくは、「理想」の追究という名の下に、みんな美しく立派であることを一様に強要していく仕組みと、そこから生まれていく強烈な同調圧力に、ほとほと嫌気がさしていたのだ。

時にだらだらであったり、時にいい加減であったりすることが許されない教室の中に、ぼくは自分の居場所をずうっと見つけ出し続けることは難しかったのだ。

4　教室の本質はハプニングだ

教室の本質はハプニングであると言ったのは、多分先年亡くなったかつての名教師村田栄一(2)だと思う。ドラマでもストーリーでもなく、「ハプニング」。先の河原井の「雑木林」という言葉とこの言葉とを重ね合わせてみた時に、教室というものが、本来「理想の」などという言葉と最も遠く、最も遠いからこそ、豊かであるということに思い至る。

思えばぼくは、教室で生徒の声に耳を傾けることの苦手な教師であり、ぼく流の平準化と標準化の道をとことん追究しようとする存在であった。だが、結局のところ、教室は、子どもたちの声に耳を傾けながら、日々のハプニングをみんなで享受し、語らう場所に他ならない。美しく整地したゴルフ場は、雪解け水を蓄えることもできず、一様で無味乾燥な表情をさらすだけである。

日々の中で、関わるたくさんの子どもたちの声を聞き、そこから最も自然に進んで行ける道筋を見つけ出して行く、そういう教師でありたいと思う。

注

(1)　河原井純子　都立七生養護学校（現都立七生特別支援学校）で行われていた「こころとからだの学習」と名づけられた性教育実践への不当な政治介入に抵抗することに端を発し、日の丸君が代に反対する活動を続けた少壮の教師。現在も精力的な発言を続けている。

(2)　村田栄一　六十年代から七十年代にかけて、反戦教師として、また、公教育の枠組みを逸脱する実践群によって、一世を風靡した実践家。のち公立小学校を離れ、フレネの実践群に共感して、オルタナティブな教育の可能性を模索した。

エピローグ

多賀さんとは、名古屋で一度短い時間お会いして、それで年も十歳以上も違う大先輩なのだが、なんとなくいろんなことが近しい感じがした。

たまたま長瀬拓也さんと中村健一さんという二人の共通の友人が間に入ってくださって、それで対談をベースにする本書が刊行されることになった。

それぞれのパーツをとにかく個々に書きあげ、神戸で二人で対談ベースの集会を作り、それと合わせて一冊を作ってみようということになった。ぼくも多賀さんも経験のない構成なのだが、この方法がおもしろいかどうか、これは読者のみなさんに委ねるしかないことである。

実は神戸の会で初めて多賀さんの講座を拝見した。多賀さんは国語教育の世界のオーソリティの一人である。近年立て続けに刊行になっている本も、これまでの実践の蓄積を背景としたノウハウ・ハウツーだって、実に丁寧に書かれている。講座ももちろんそのように構成されてもいるのだ。だが、絵本の読み聞かせを基調とするその講座は、やはり方法を伝えるというよりも、あり方や考え方を伝えるものと、率直に感じた。ただ絵本の選本に関するぼくとの違いは非常に鮮明で、これはおもしろいなあと思っていた。

対談の中で、多賀さんの選本に関わる話が展開されていく。ぼくがどうしても聴いてみたかったことだったので、半ば強引にお聞きした感もあるのだが、その背景には、まもなく六十歳になろうかという多賀さんの選本が、昔からこのようだったのではあるまいというぼくなりの見立てがあった。それで結論から言えば、多賀さんの選本の変容には、阪神淡路大震災の体験が色濃く反映されているということがわかって、ちょっと言葉を失ってしまった。対談の白眉の部分、鉱脈を掘り当てたと思った部分でもある。その話をお聞きしながら、ぼくは、ぼくもまたここからの人生の中で、決定的に選本に関する考え方が変わるようなことがあるのかも知れないということを考えていた。

ぼくは今基本的には、本で語ると考えていない。絵本や物語で何か直接的なメッセージが子どもたちに伝わっていくことを何よりも遠ざけているという実感さえある。だが、一期一会であるかも知れない関係の中で、教師の思いを丁寧に本で語るという多賀さんの立つ場所に、強く惹かれる自分がいることも事実である。多賀さんには大震災という未曽有の危機があったわけだが、震災というようなドラスティックな出来事でなくとも、ぼくの身の上に何か大きなきっかけがあって、ぼくが絵本の選本を読み聞かせ方を、変えていく可能性は十分にあるのかも知れない。そういうことを思わせられる対談であった。

先に、多賀さんはもうすぐ六十歳を迎える年齢の方であると書いた。

ぼくは、父が地元では名の知れた、おそらくは優秀な国語の教師であった。そして、その父は結果的に精神的な危機に直面して六十歳の定年までを勤め上げることができなかった。ぼくは父の中にある繊細さや、父が感じたであろう学校という場所の窮屈さを同様に感じていると思っている。それで、定年前後の先生の教室を選んでは、終日授業参観をお願いし、見せていただくということを続けてきた。あるいは会ってお話をうかがうということをしてきた。多賀さんとの対談、そしてこの本も、そういう文脈の中に位置付く試みでもある。管理職に登用されていく道筋をこの国の教育界は明確に示して行く。反面、一介の教師として最後まで走り続ける教師の生き方や考え方はほとんどどこにも示されていない。

多賀さんとの共著制作と対談は、そういうことで言えば、ここからのぼくの変化の可能性を教えていただき、ここから最後まで歩いていく道ゆきを示していただいたような時間でもあった。本当に若輩者の私を大切に一人前として扱ってくださることに、心からの感謝を申し上げたい。

本書執筆にあたっては、研究集団ことのはのメンバーであり、若く優秀な後輩教師である藤原友和さんと米田真琴さんに執筆分の全ての原稿を読んでいただき、フィードバックをいただいた。ぼくのように情緒的で、ある意味破天荒な教員としての道筋を歩んできたものの道ゆきに、二人がどんな反応を示すのかなととても興味があったのである。忙しい時間の中で、丁寧に読んでいただいた二人に感謝を申し上げたい。ぼくの原稿を読むことで、自分の中学校時代のことや、教師としての歩みを、丁寧に振り返るきっかけにしてくれたことは、いつも自信のないぼくにとって、勇気づけられることであった。

二〇一三年十月　いつもより早い初雪があった十勝野で

拝郷メイコ〝ヒカリ〟を聴きながら

石川　晋

著者紹介

多賀一郎

追手門学院小学校講師。元日本私立小学校連合会国語部全国委員長。教師塾など，若い先生を育てる活動や，親塾での保護者教育など，教育を広げる活動をしている。著書：『一冊の本が学級を変える―クラス全員が成長する「本の教育」の進め方―』（黎明書房）『１から学べる！　成功する授業づくり』（明治図書）ほか多数。DVD：明日の教室 DVD シリーズ第27弾『子どもを育てる国語教室』（有限会社 カヤ）

石川　晋

1967年，北海道旭川市出身。北海道教育大学大学院修士課程修了。北海道上士幌町立上士幌中学校教諭，NPO 授業づくりネットワーク理事長，日本児童文学者協会会員，北海道子どもの本連絡会運営委員。著書：『音楽が苦手な先生にもできる！　学級担任の合唱コンクール指導』（明治図書）『堀裕嗣×石川晋　教師をどう生きるか』（学事出版）ほか多数。DVD：明日の教室 DVD シリーズ第８弾『学級担任が行う合唱指導（「旅立ちの時に」）＆オムニバス型国語授業』，第14弾『文学の授業～読む・解く・書く～』（ともに有限会社 カヤ）

口絵・カバー写真撮影： 平井良信（有限会社 カヤ）

協力

有限会社 カヤ　平井良信
〒540-0013　大阪市中央区内久宝寺町3-4-8-902
kaya@sogogakushu.gr.jp　TEL&FAX：06-6940-1314

教室《きょうしつ》からの声《こえ》を聞《き》け

2014年４月１日　　初版発行

著　者　多《た》賀《が》一《いち》郎《ろう》
　　　　石《いし》川《かわ》晋《しん》
発行者　武馬久仁裕
印　刷　株式会社　太洋社
製　本　株式会社　渋谷文泉閣

発行所　株式会社　黎《れい》明《めい》書《しょ》房《ぼう》

〒460-0002　名古屋市中区丸の内3-6-27　EBS ビル
☎052-962-3045　FAX 052-951-9065　振替・00880-1-59001
〒101-0047　東京連絡所・千代田区内神田1-4-9　松苗ビル4F
☎03-3268-3470

落丁本・乱丁本はお取替します。　ISBN978-4-654-01896-3